VORWORT

Die Sammlung "Alles wird gut!" von T&P Books ist für Menschen, die für Tourismus und Geschäftsreisen ins Ausland reisen. Die Sprachführer beinhalten, was am wichtigsten ist - die Grundlagen für eine grundlegende Kommunikation. Dies ist eine unverzichtbare Reihe von Sätzen um zu "überleben", während Sie im Ausland sind.

Dieser Sprachführer wird Ihnen in den meisten Fällen helfen, in denen Sie etwas fragen müssen, Richtungsangaben benötigen, wissen wollen wie viel etwas kostet usw. Es kann auch schwierige Kommunikationssituationen lösen, bei denen Gesten einfach nicht hilfreich sind.

Dieses Buch beinhaltet viele Sätze, die nach den wichtigsten Themen gruppiert wurden. Die Ausgabe enthält auch einen kleinen Wortschatz, der etwas 3.000 der am häufigsten verwendeten Wörter enthält. Ein weiterer Abschnitt des Sprachführers bietet ein gastronomisches Wörterbuch, das Ihnen helfen könnte, Essen in einem Restaurant zu bestellen oder Lebensmittel in einem Lebensmittelladen zu kaufen.

Nehmen Sie den "Alles wird gut" Sprachführer mit Ihnen auf die Reise und Sie werden einen unersetzlichen Begleiter haben, der Ihnen helfen wird, Ihren Weg aus jeder Situation zu finden und Ihnen beibringen wird keine Angst beim Sprechen mit Ausländern zu haben.

INHALTSVERZEICHNIS

T&P Books Publishing

Reisesprachführersammlung
"Alles wird gut!"

T&P Books Publishing

SPRACHFÜHRER

— SERBISCH —

Andrey Taranov

Die nützlichsten Wörter und Sätze

Dieser Sprachführer
beinhaltet die häufigsten
Sätze und Fragen,
die für die grundlegende
Kommunikation mit
Ausländern benötigt wird

T&P BOOKS

Sprachführer + Wörterbuch mit 3000 Wörtern

Sprachführer Deutsch-Serbisch und thematischer Wortschatz mit 3000 Wörtern

Von Andrey Taranov

Die Sammlung "Alles wird gut!" von T&P Books ist für Menschen, die für Tourismus und Geschäftsreisen ins Ausland reisen. Die Sprachführer beinhalten, was am wichtigsten ist - die Grundlagen für eine grundlegende Kommunikation. Dies ist eine unverzichtbare Reihe von Sätzen um zu "überleben", während Sie im Ausland sind.

Dieses Buch beinhaltet auch ein kleines Vokabular mit etwa 3000, am häufigsten verwendeten Wörtern. Ein weiterer Abschnitt des Sprachführers bietet ein gastronomisches Wörterbuch, das Ihnen helfen kann, Essen in einem Restaurant zu bestellen oder Lebensmittel im Lebensmittelladen zu kaufen.

T&P Books Publishing
www.tpbooks.com

ISBN: 978-1-78492-499-7

Dieses Buch ist auch im E-Book Format erhältlich.
Besuchen Sie uns auch auf www.tpbooks.com oder auf einer der bedeutenden Buchhandlungen online.

AUSSPRACHE

Buchstabe	Serbisch Beispiel	T&P phonetisches Alphabet	Deutsch Beispiel

Vokale

A a	авлија	[a]	schwarz
E e	ексер	[e]	Pferde
И и	излаз	[i]	ihr, finden
O o	очи	[o]	orange
У у	ученик	[u]	kurz

Konsonanten

Б б	брег	[b]	Brille
В в	вода	[ʋ]	Invalide
Г г	глава	[g]	gelb
Д д	дим	[d]	Detektiv
Ђ ђ	ђак	[ʤ]	Jeans
Ж ж	жица	[ʒ]	Regisseur
З з	зец	[z]	sein
Ј ј	мој	[j]	Jacke
К к	киша	[k]	Kalender
Л л	лептир	[l]	Juli
Љ љ	љиљан	[ʎ]	Schicksal
М м	мајка	[m]	Mitte
Н н	нос	[n]	nicht
Њ њ	књига	[ɲ]	Champagner
П п	праг	[p]	Polizei
Р р	рука	[r]	richtig
С с	слово	[s]	sein
Т т	тело	[t]	still
Ћ ћ	ћуран	[tɕ]	ähnlich wie tch oder tj in Brötchen oder tja
Ф ф	фењер	[f]	fünf
Х х	хлеб	[h]	brauchbar
Ц ц	цео	[ts]	Gesetz

Buchstabe	Serbisch Beispiel	T&P phonetisches Alphabet	Deutsch Beispiel
Ч ч	чизме	[ʧ]	Matsch
Џ џ	џбун	[ʤ]	Kambodscha
Ш ш	шах	[ʃ]	Chance

LISTE DER ABKÜRZUNGEN

Deutsch. Abkürzungen

Adj	-	Adjektiv
Adv	-	Adverb
Amtsspr.	-	Amtssprache
f	-	Femininum
f, n	-	Femininum, Neutrum
Fem.	-	Femininum
m	-	Maskulinum
m, f	-	Maskulinum, Femininum
m, n	-	Maskulinum, Neutrum
Mask.	-	Maskulinum
n	-	Neutrum
pl	-	Plural
Sg.	-	Singular
ugs.	-	umgangssprachlich
unzähl.	-	unzählbar
usw.	-	und so weiter
v mod	-	Modalverb
vi	-	intransitives Verb
vi, vt	-	intransitives, transitives Verb
vt	-	transitives Verb
zähl.	-	zählbar
z.B.	-	zum Beispiel

Serbisch. Abkürzungen

ж	-	Femininum
ж мн	-	Femininum plural
м	-	Maskulinum
м мн	-	Maskulinum plural
мн	-	Plural
с	-	Neutrum
с мн	-	Neutrum plural

T&P BOOKS

SERBISCHER SPRACHFÜHRER

Dieser Teil beinhaltet wichtige Sätze, die sich in verschiedenen realen Situationen als nützlich erweisen können.
Der Sprachführer wird Ihnen dabei helfen nach dem Weg zu fragen, einen Preis zu klären, Tickets zu kaufen und Essen in einem Restaurant zu bestellen.

T&P Books Publishing

INHALT SPRACHFÜHRER

T&P Books Publishing

Entschuldigen Sie bitte, ...	**Извините, ...** Izvinite, ...
Hallo.	**Добар дан.** Dobar dan
Danke.	**Хвала вам.** Hvala vam
Auf Wiedersehen.	**Довиђења.** Doviđenja
Ja.	**Да.** Da
Nein.	**Не.** Ne
Ich weiß nicht.	**Не знам.** Ne znam
Wo? | Wohin? | Wann?	**Где? | Куда? | Када?** Gde? | Kuda? | Kada?

Ich brauche ...	**Треба ми ...** Treba mi ...
Ich möchte ...	**Хоћу ...** Hoću ...
Haben Sie ...?	**Имате ли ...?** Imate li ...?
Gibt es hier ...?	**Да ли овде постоји ...?** Da li ovde postoji ...?
Kann ich ...?	**Смем ли ...?** Smem li ...?
Bitte (anfragen)	**молим** molim

Ich suche ...	**Тражим ...** Tražim ...
die Toilette	**тоалет** toalet
den Geldautomat	**банкомат** bankomat
die Apotheke	**апотеку** apoteku
das Krankenhaus	**болницу** bolnicu
die Polizeistation	**полицијску станицу** policijsku stanicu
die U-Bahn	**метро** metro

das Taxi	**такси** taksi
den Bahnhof	**железничку станицу** železničku stanicu

Ich heiße …	**Ја се зовем …** Ja se zovem …
Wie heißen Sie?	**Како се ви зовете?** Kako se vi zovete?
Helfen Sie mir bitte.	**Да ли бисте, молим вас, могли да ми помогнете?** Da li biste, molim vas, mogli da mi pomognete?
Ich habe ein Problem.	**Имам проблем.** Imam problem
Mir ist schlecht.	**Не осећам се добро.** Ne osećam se dobro
Rufen Sie einen Krankenwagen!	**Позовите хитну помоћ!** Pozovite hitnu pomoć!
Darf ich telefonieren?	**Смем ли да телефонирам?** Smem li da telefoniram?

Entschuldigung.	**Извините …** Izvinite …
Keine Ursache.	**Нема на чему.** Nema na čemu

ich	**ја, мене** ja, mene
du	**ти** ti
er	**он** on
sie	**она** ona
sie (Pl, Mask.)	**они** oni
sie (Pl, Fem.)	**оне** one
wir	**ми** mi
ihr	**ви** vi
Sie	**ви** vi

EINGANG	**УЛАЗ** ULAZ
AUSGANG	**ИЗЛАЗ** IZLAZ
AUßER BETRIEB	**НЕ РАДИ** NE RADI

GESCHLOSSEN	**ЗАТВОРЕНО**
	ZATVORENO
OFFEN	**ОТВОРЕНО**
	OTVORENO
FÜR DAMEN	**ЗА ЖЕНЕ**
	ZA ŽENE
FÜR HERREN	**ЗА МУШКАРЦЕ**
	ZA MUŠKARCE

Fragen

Wo?	**Где?** Gde?
Wohin?	**Куда?** Kuda?
Woher?	**Одакле?** Odakle?
Warum?	**Зашто?** Zašto?
Wozu?	**Из ког разлога?** Iz kog razloga?
Wann?	**Када?** Kada?

Wie lange?	**Колико дуго?** Koliko dugo?
Um wie viel Uhr?	**У колико сати?** U koliko sati?
Wie viel?	**Колико?** Koliko?
Haben Sie …?	**Имате ли …?** Imate li …?
Wo befindet sich …?	**Где се налази …?** Gde se nalazi …?

Wie spät ist es?	**Колико је сати?** Koliko je sati?
Darf ich telefonieren?	**Смем ли да телефонирам?** Smem li da telefoniram?
Wer ist da?	**Ко је тамо?** Ko je tamo?
Darf ich hier rauchen?	**Да ли се овде пуши?** Da li se ovde puši?
Darf ich …?	**Смем ли …?** Smem li …?

Bedürfnisse

Ich hätte gerne …	**Волео /Волела/ бих …** Voleo /Volela/ bih …
Ich will nicht …	**Не желим …** Ne želim …
Ich habe Durst.	**Жедан /Жедна/ сам.** Žedan /Žedna/ sam
Ich möchte schlafen.	**Хоћу да спавам.** Hoću da spavam
Ich möchte …	**Хоћу …** Hoću …
abwaschen	**да се освежим** da se osvežim
mir die Zähne putzen	**да оперем зубе** da operem zube
eine Weile ausruhen	**да се мало одморим** da se malo odmorim
meine Kleidung wechseln	**да се пресвучем** da se presvučem
zurück ins Hotel gehen	**да се вратим у хотел** da se vratim u hotel
kaufen …	**да купим …** da kupim …
gehen …	**да идем до …** da idem do …
besuchen …	**да посетим …** da posetim …
treffen …	**да се нађем са …** da se nađem sa …
einen Anruf tätigen	**да телефонирам** da telefoniram
Ich bin müde.	**Уморан /Уморна/ сам.** Umoran /Umorna/ sam
Wir sind müde.	**Ми смо уморни.** Mi smo umorni
Mir ist kalt.	**Хладно ми је.** Hladno mi je
Mir ist heiß.	**Вруће ми је.** Vruće mi je
Mir passt es.	**Добро сам.** Dobro sam

Ich muss telefonieren.

Треба да телефонирам.
Treba da telefoniram

Ich muss auf die Toilette.

Морам до тоалета.
Moram do toaleta

Ich muss gehen.

Морам да идем.
Moram da idem

Ich muss jetzt gehen.

Морам одмах да идем.
Moram odmah da idem

Wie man nach dem Weg fragt

Entschuldigen Sie bitte, ...	**Извините ...** Izvinite ...
Wo befindet sich ...?	**Где се налази ...?** Gde se nalazi ...?
Welcher Weg ist ...?	**Куда до ...?** Kuda do ...?
Könnten Sie mir bitte helfen?	**Можете ли ми, молим вас, помоћи?** Možete li mi, molim vas, pomoći?
Ich suche ...	**Тражим ...** Tražim ...
Ich suche den Ausgang.	**Тражим излаз.** Tražim izlaz
Ich fahre nach ...	**Идем до ...** Idem do ...
Gehe ich richtig nach ...?	**Јесам ли на правом путу до ...?** Jesam li na pravom putu do ...?
Ist es weit?	**Да ли је далеко?** Da li je daleko?
Kann ich dort zu Fuß hingehen?	**Могу ли до тамо пешке?** Mogu li do tamo peške?
Können Sie es mir auf der Karte zeigen?	**Можете ли да ми покажете на мапи?** Možete li da mi pokažete na mapi?
Zeigen Sie mir wo wir gerade sind.	**Покажите ми где смо ми сада.** Pokažite mi gde smo mi sada
Hier	**Овде** Ovde
Dort	**Тамо** Tamo
Hierher	**Овим путем** Ovim putem
Biegen Sie rechts ab.	**Скрените десно.** Skrenite desno
Biegen Sie links ab.	**Скрените лево.** Skrenite levo
erste (zweite, dritte) Abzweigung	**прво (друго, треће) скретање** prvo (drugo, treće) skretanje
nach rechts	**десно** desno

nach links

лево
levo

Laufen Sie geradeaus.

Идите само право.
Idite samo pravo

Schilder

HERZLICH WILLKOMMEN!	**ДОБРОДОШЛИ!** DOBRODOŠLI!
EINGANG	**УЛАЗ** ULAZ
AUSGANG	**ИЗЛАЗ** IZLAZ
DRÜCKEN	**ГУРАЈ** GURAJ
ZIEHEN	**ВУЦИ** VUCI
OFFEN	**ОТВОРЕНО** OTVORENO
GESCHLOSSEN	**ЗАТВОРЕНО** ZATVORENO
FÜR DAMEN	**ЗА ЖЕНЕ** ZA ŽENE
FÜR HERREN	**ЗА МУШКАРЦЕ** ZA MUŠKARCE
HERREN-WC	**МУШКАРЦИ** MUŠKARCI
DAMEN-WC	**ЖЕНЕ** ŽENE
RABATT | REDUZIERT	**ПРОДАЈА** PRODAJA
AUSVERKAUF	**РАСПРОДАЈА** RASPRODAJA
GRATIS	**БЕСПЛАТНО** BESPLATNO
NEU!	**НОВО!** NOVO!
ACHTUNG!	**ПАЖЊА!** PAŽNJA!
KEINE ZIMMER FREI	**НЕМА СЛОБОДНИХ МЕСТА** NEMA SLOBODNIH MESTA
RESERVIERT	**РЕЗЕРВИСАНО** REZERVISANO
VERWALTUNG	**АДМИНИСТРАЦИЈА** ADMINISTRACIJA
NUR FÜR PERSONAL	**САМО ЗА ЗАПОСЛЕНЕ** SAMO ZA ZAPOSLENE

BISSIGER HUND	**ПАС УЈЕДА!** PAS UJEDA!
RAUCHEN VERBOTEN!	**ЗАБРАЊЕНО ПУШЕЊЕ!** ZABRANJENO PUŠENJE!
NICHT ANFASSEN!	**НЕ ПИПАЈ!** NE PIPAJ!
GEFÄHRLICH	**ОПАСНО** OPASNO
GEFAHR	**ОПАСНОСТ** OPASNOST
HOCHSPANNUNG	**ВИСОК НАПОН** VISOK NAPON
BADEN VERBOTEN	**ЗАБРАЊЕНО ПЛИВАЊЕ!** ZABRANJENO PLIVANJE!

AUßER BETRIEB	**НЕ РАДИ** NE RADI
LEICHTENTZÜNDLICH	**ЗАПАЉИВО** ZAPALJIVO
VERBOTEN	**ЗАБРАЊЕНО** ZABRANJENO
DURCHGANG VERBOTEN	**ЗАБРАЊЕН ПРОЛАЗ!** ZABRANJEN PROLAZ!
FRISCH GESTRICHEN	**СВЕЖЕ ОКРЕЧЕНО** SVEŽE OKREČENO

WEGEN RENOVIERUNG GESCHLOSSEN	**ЗАТВОРЕНО ЗБОГ РЕНОВИРАЊА** ZATVORENO ZBOG RENOVIRANJA
ACHTUNG BAUARBEITEN	**РАДОВИ НА ПУТУ** RADOVI NA PUTU
UMLEITUNG	**ОБИЛАЗАК** OBILAZAK

Transport - Allgemeine Phrasen

Flugzeug	**авион** avion
Zug	**воз** voz
Bus	**аутобус** autobus
Fähre	**трајект** trajekt
Taxi	**такси** taksi
Auto	**ауто** auto

Zeitplan	**ред вожње** red vožnje
Wo kann ich den Zeitplan sehen?	**Где могу да видим ред вожње?** Gde mogu da vidim red vožnje?
Arbeitstage	**радни дани** radni dani
Wochenenden	**викенди** vikendi
Ferien	**празници** praznici

ABFLUG	**ОДЛАЗАК** ODLAZAK
ANKUNFT	**ДОЛАЗАК** DOLAZAK
VERSPÄTET	**КАСНИ** KASNI
GESTRICHEN	**ОТКАЗАН** OTKAZAN

nächste (Zug, usw.)	**следећи** sledeći
erste	**први** prvi
letzte	**последњи** poslednji

| Wann kommt der Nächste ...? | **Када је следећи ...?**
Kada je sledeći ...? |
| Wann kommt der Erste ...? | **Када је први ...?**
Kada je prvi ...? |

Wann kommt der Letzte …?	**Када је последњи …?** Kada je poslednji …?
Transfer	**преседање** presedanje
einen Transfer machen	**имати преседање** imati presedanje
Muss ich einen Transfer machen?	**Треба ли да преседам?** Treba li da presedam?

Eine Fahrkarte kaufen

Wo kann ich Fahrkarten kaufen?	**Где могу да купим карте?** Gde mogu da kupim karte?
Fahrkarte	**карта** karta
Eine Fahrkarte kaufen	**купити карту** kupiti kartu
Fahrkartenpreis	**цена карте** cena karte
Wohin?	**Куда?** Kuda?
Welche Station?	**До које станице?** Do koje stanice?
Ich brauche …	**Треба ми …** Treba mi …
eine Fahrkarte	**једна карта** jedna karta
zwei Fahrkarten	**две карте** dve karte
drei Fahrkarten	**три карте** tri karte
in eine Richtung	**у једном правцу** u jednom pravcu
hin und zurück	**повратна** povratna
erste Klasse	**прва класа** prva klasa
zweite Klasse	**друга класа** druga klasa
heute	**данас** danas
morgen	**сутра** sutra
übermorgen	**прекосутра** prekosutra
am Vormittag	**ујутру** ujutru
am Nachmittag	**после подне** posle podne
am Abend	**увече** uveče

Gangplatz

седиште до пролаза
sedište do prolaza

Fensterplatz

седиште поред прозора
sedište pored prozora

Wie viel?

Колико?
Koliko?

Kann ich mit Karte zahlen?

**Могу ли да платим
кредитном картицом?**
Mogu li da platim
kreditnom karticom?

Bus

Bus	**Аутобус** Autobus
Fernbus	**међуградски аутобус** međugradski autobus
Bushaltestelle	**аутобуска станица** autobuska stanica
Wo ist die nächste Bushaltestelle?	**Где је најближа аутобуска станица?** Gde je najbliža autobuska stanica?

Nummer	**број** broj
Welchen Bus nehme ich um nach ... zu kommen?	**Којим аутобусом стижем до ...?** Kojim autobusom stižem do ...?
Fährt dieser Bus nach ...?	**Да ли овај аутобус иде до ...?** Da li ovaj autobus ide do ...?
Wie oft fahren die Busse?	**Колико често иду аутобуси?** Koliko često idu autobusi?

alle fünfzehn Minuten	**сваких 15 минута** svakih 15 minuta
jede halbe Stunde	**сваких пола сата** svakih pola sata
jede Stunde	**сваки сат** svaki sat
mehrmals täglich	**неколико пута дневно** nekoliko puta dnevno
... Mal am Tag	**... пута дневно** ... puta dnevno

Zeitplan	**ред вожње** red vožnje
Wo kann ich den Zeitplan sehen?	**Где могу да видим ред вожње?** Gde mogu da vidim red vožnje?
Wann kommt der nächste Bus?	**Када је следећи аутобус?** Kada je sledeći autobus?
Wann kommt der erste Bus?	**Када је први аутобус?** Kada je prvi autobus?
Wann kommt der letzte Bus?	**Када је последњи аутобус?** Kada je poslednji autobus?

Halt	**станица** stanica
Nächster Halt	**следећа станица** sledeća stanica

Letzter Halt	**последња станица** poslednja stanica
Halten Sie hier bitte an.	**Станите овде, молим вас.** Stanite ovde, molim vas
Entschuldigen Sie mich, dies ist meine Haltestelle.	**Извините, ово је моја станица.** Izvinite, ovo je moja stanica

Zug

Zug	**воз** voz
S-Bahn	**приградски воз** prigradski voz
Fernzug	**међуградски воз** međugradski voz
Bahnhof	**железничка станица** železnička stanica
Entschuldigen Sie bitte, wo ist der Ausgang zum Bahngleis?	**Извините, где је излаз до перона?** Izvinite, gde je izlaz do perona?

Fährt dieser Zug nach …?	**Да ли овај воз иде до …?** Da li ovaj voz ide do …?
nächste Zug	**следећи воз** sledeći voz
Wann kommt der nächste Zug?	**Када полази следећи воз?** Kada polazi sledeći voz?
Wo kann ich den Zeitplan sehen?	**Где могу да видим ред вожње?** Gde mogu da vidim red vožnje?
Von welchem Bahngleis?	**Са ког перона?** Sa kog perona?
Wann kommt der Zug in … an?	**Када воз стиже у …?** Kada voz stiže u …?

Helfen Sie mir bitte.	**Молим вас, помозите ми.** Molim vas, pomozite mi
Ich suche meinen Platz.	**Тражим своје место.** Tražim svoje mesto
Wir suchen unsere Plätze.	**Ми тражимо своја места.** Mi tražimo svoja mesta
Unser Platz ist besetzt.	**Моје место је заузето.** Moje mesto je zauzeto
Unsere Plätze sind besetzt.	**Наша места су заузета.** Naša mesta su zauzeta

Entschuldigen Sie, aber das ist mein Platz.	**Извините, али ово је моје место.** Izvinite, ali ovo je moje mesto
Ist der Platz frei?	**Да ли је ово место заузето?** Da li je ovo mesto zauzeto?
Darf ich mich hier setzen?	**Могу ли овде да седнем?** Mogu li ovde da sednem?

Im Zug - Dialog (Keine Fahrkarte)

Fahrkarte bitte.	**Карту, молим вас.** Kartu, molim vas
Ich habe keine Fahrkarte.	**Немам карту.** Nemam kartu
Ich habe meine Fahrkarte verloren.	**Изгубио сам карту.** Izgubio sam kartu
Ich habe meine Fahrkarte zuhause vergessen.	**Заборавио сам карту код куће.** Zaboravio sam kartu kod kuće
Sie können von mir eine Fahrkarte kaufen.	**Од мене можете купити карту.** Od mene možete kupiti kartu
Sie werden auch eine Strafe zahlen.	**Такође ћете морати да платите казну.** Takođe ćete morati da platite kaznu
Gut.	**У реду.** U redu
Wohin fahren Sie?	**Где идете?** Gde idete?
Ich fahre nach …	**Идем до …** Idem do …
Wie viel? Ich verstehe nicht.	**Колико? Не разумем.** Koliko? Ne razumem
Schreiben Sie es bitte auf.	**Напишите, молим вас.** Napišite, molim vas
Gut. Kann ich mit Karte zahlen?	**У реду. Да ли могу да платим кредитном картицом?** U redu. Da li mogu da platim kreditnom karticom?
Ja, das können Sie.	**Да, можете.** Da, možete
Hier ist ihre Quittung.	**Изволите рачун.** Izvolite račun
Tut mir leid wegen der Strafe.	**Извините због казне.** Izvinite zbog kazne
Das ist in Ordnung. Es ist meine Schuld.	**У реду је. Моја грешка.** U redu je. Moja greška
Genießen Sie Ihre Fahrt.	**Уживајте у путовању.** Uživajte u putovanju

Taxi

Taxi	**такси** taksi
Taxifahrer	**таксиста** taksista
Ein Taxi nehmen	**ухватити такси** uhvatiti taksi
Taxistand	**такси станица** taksi stanica
Wo kann ich ein Taxi bekommen?	**Где могу да нађем такси?** Gde mogu da nađem taksi?
Ein Taxi rufen	**позвати такси** pozvati taksi
Ich brauche ein Taxi.	**Треба ми такси.** Treba mi taksi
Jetzt sofort.	**Одмах.** Odmah
Wie ist Ihre Adresse? (Standort)	**Која је ваша адреса?** Koja je vaša adresa?
Meine Adresse ist …	**Моја адреса је …** Moja adresa je …
Ihr Ziel?	**Докле идете?** Dokle idete?
Entschuldigen Sie bitte, …	**Извините …** Izvinite …
Sind Sie frei?	**Да ли сте слободни?** Da li ste slobodni?
Was kostet die Fahrt nach …?	**Колико кошта до …?** Koliko košta do …?
Wissen Sie wo es ist?	**Да ли знате где је?** Da li znate gde je?
Flughafen, bitte.	**Аеродром, молим.** Aerodrom, molim
Halten Sie hier bitte an.	**Станите овде, молим вас.** Stanite ovde, molim vas
Das ist nicht hier.	**Није овде.** Nije ovde
Das ist die falsche Adresse.	**Ово је погрешна адреса.** Ovo je pogrešna adresa
nach links	**скрените лево** skrenite levo
nach rechts	**скрените десно** skrenite desno

Was schulde ich Ihnen?

Колико вам дугујем?
Koliko vam dugujem?

Ich würde gerne
ein Quittung haben, bitte.

Рачун, молим.
Račun, molim

Stimmt so.

Задржите кусур.
Zadržite kusur

Warten Sie auf mich bitte

Да ли бисте ме сачекали, молим вас?
Da li biste me sačekali, molim vas?

fünf Minuten

пет минута
pet minuta

zehn Minuten

десет минута
deset minuta

fünfzehn Minuten

петнаест минута
petnaest minuta

zwanzig Minuten

двадесет минута
dvadeset minuta

eine halbe Stunde

пола сата
pola sata

Hotel

Guten Tag.	**Добар дан.** Dobar dan
Mein Name ist …	**Ја се зовем …** Ja se zovem …
Ich habe eine Reservierung.	**Имам резервацију.** Imam rezervaciju

Ich brauche …	**Треба ми …** Treba mi …
ein Einzelzimmer	**једнокреветна соба** jednokrevetna soba
ein Doppelzimmer	**двокреветна соба** dvokrevetna soba
Wie viel kostet das?	**Колико је то?** Koliko je to?
Das ist ein bisschen teuer.	**То је мало скупо.** To je malo skupo

Haben Sie sonst noch etwas?	**Да ли имате неку другу могућност?** Da li imate neku drugu mogućnost?
Ich nehme es.	**Узећу то.** Uzeću to
Ich zahle bar.	**Платићу готовином.** Platiću gotovinom

Ich habe ein Problem.	**Имам проблем.** Imam problem
Mein … ist kaputt.	**Мој … је сломљен** **/Моја… је сломљена/.** Moj … je slomljen /slomljena/
Mein … ist außer Betrieb.	**Мој /Моја/ … не ради.** Moj /Moja/ … ne radi
Fernseher	**телевизор (м)** televizor
Klimaanlage	**клима уређај (м)** klima uređaj
Wasserhahn	**славина (ж)** slavina

Dusche	**туш (м)** tuš
Waschbecken	**лавабо (м)** lavabo

Safe	**сеф (м)** sef
Türschloss	**брава (ж)** brava
Steckdose	**електрична утичница (ж)** električna utičnica
Föhn	**фен (м)** fen

Ich habe kein …	**Немам …** Nemam …
Wasser	**воде** vode
Licht	**светла** svetla
Strom	**струје** struje

Können Sie mir … geben?	**Можете ли ми дати …?** Možete li mi dati …?
ein Handtuch	**пешкир** peškir
eine Decke	**ћебе** ćebe
Hausschuhe	**папуче** papuče
einen Bademantel	**баде-мантил** bade-mantil
etwas Shampoo	**мало шампона** malo šampona
etwas Seife	**мало сапуна** malo sapuna

Ich möchte ein anderes Zimmer haben.	**Хоћу да заменим собу.** Hoću da zamenim sobu
Ich kann meinen Schlüssel nicht finden.	**Не могу да нађем свој кључ.** Ne mogu da nađem svoj ključ
Machen Sie bitte meine Tür auf	**Можете ли ми отворити собу, молим вас?** Možete li mi otvoriti sobu, molim vas?
Wer ist da?	**Ко је тамо?** Ko je tamo?
Kommen Sie rein!	**Уђите!** Uđite!
Einen Moment bitte!	**Само тренутак!** Samo trenutak!

Nicht jetzt bitte.	**Не сада, молим вас.** Ne sada, molim vas
Kommen Sie bitte in mein Zimmer.	**Дођите у моју собу, молим вас.** Dođite u moju sobu, molim vas

Ich würde gerne Essen bestellen.	**Хтео бих да поручим храну.** Hteo bih da poručim hranu
Meine Zimmernummer ist …	**Број моје собе је …** Broj moje sobe je …

Ich reise … ab.	**Одлазим …** Odlazim …
Wir reisen … ab.	**Ми одлазимо …** Mi odlazimo …
jetzt	**одмах** odmah
diesen Nachmittag	**овог поподнева** ovog popodneva
heute Abend	**вечерас** večeras
morgen	**сутра** sutra
morgen früh	**сутра ујутру** sutra ujutru
morgen Abend	**сутра увече** sutra uveče
übermorgen	**прекосутра** prekosutra

Ich möchte die Zimmerrechnung begleichen.	**Хтео бих да платим.** Hteo bih da platim
Alles war wunderbar.	**Све је било дивно.** Sve je bilo divno
Wo kann ich ein Taxi bekommen?	**Где могу да нађем такси?** Gde mogu da nađem taksi?
Würden Sie bitte ein Taxi für mich holen?	**Да ли бисте ми позвали такси, молим вас?** Da li biste mi pozvali taksi, molim vas?

Restaurant

Könnte ich die Speisekarte sehen bitte?	**Могу ли да погледам мени, молим вас?** Mogu li da pogledam meni, molim vas?
Tisch für einen.	**Сто за једног.** Sto za jednog
Wir sind zu zweit (dritt, viert).	**Има нас двоје (троје, четворо).** Ima nas dvoje (troje, četvoro)
Raucher	**За пушаче** Za pušače
Nichtraucher	**За непушаче** Za nepušače
Entschuldigen Sie mich! (Einen Kellner ansprechen)	**Конобар!** Konobar!
Speisekarte	**мени** meni
Weinkarte	**винска карта** vinska karta
Die Speisekarte bitte.	**Мени, молим вас.** Meni, molim vas
Sind Sie bereit zum bestellen?	**Да ли сте спремни да наручите?** Da li ste spremni da naručite?
Was würden Sie gerne haben?	**Шта бисте хтели?** Šta biste hteli?
Ich möchte ...	**Ја ћу ...** Ja ću ...
Ich bin Vegetarier.	**Ја сам вегетеријанац /вегетаријанка/.** Ja sam vegeterijanac /vegetarijanka/
Fleisch	**месо** meso
Fisch	**рибу** ribu
Gemüse	**поврђе** povrće
Haben Sie vegetarisches Essen?	**Имате ли вегетеријанска јела?** Imate li vegeterijanska jela?
Ich esse kein Schweinefleisch.	**Не једем свињетину.** Ne jedem svinjetinu

Er /Sie/ isst kein Fleisch.	**Он /Она/ не једе месо.** On /Ona/ ne jede meso
Ich bin allergisch auf …	**Алергичан /Алергична/ сам на …** Alergičan /Alergična/ sam na …

Könnten Sie mir bitte … Bringen.	**Да ли бисте ми, молим вас, донели …** Da li biste mi, molim vas, doneli …
Salz | Pfeffer | Zucker	**со | бибер | шећер** so | biber | šećer
Kaffee | Tee | Nachtisch	**кафу | чај | десерт** kafu | čaj | dezert
Wasser | Sprudel | stilles	**воду | газирану | негазирану** vodu | gaziranu | negaziranu
einen Löffel | eine Gabel | ein Messer	**кашику | виљушку | нож** kašiku | viljušku | nož
einen Teller | eine Serviette	**тањир | салвету** tanjir | salvetu

Guten Appetit!	**Пријатно!** Prijatno!
Noch einen bitte.	**Још једно, молим.** Još jedno, molim
Es war sehr lecker.	**Било је изврсно.** Bilo je izvrsno

Scheck | Wechselgeld | Trinkgeld	**рачун | кусур | бакшиш** račun | kusur | bakšiš
Zahlen bitte.	**Рачун, молим.** Račun, molim
Kann ich mit Karte zahlen?	**Могу ли да платим кредитном картицом?** Mogu li da platim kreditnom karticom?
Entschuldigen Sie, hier ist ein Fehler.	**Извините, овде је грешка.** Izvinite, ovde je greška

Einkaufen

Kann ich Ihnen behilflich sein?	**Могу ли да вам помогнем?** Mogu li da vam pomognem?
Haben Sie ...?	**Имате ли ...?** Imate li ...?
Ich suche ...	**Тражим ...** Tražim ...
Ich brauche ...	**Треба ми ...** Treba mi ...

Ich möchte nur schauen.	**Само гледам.** Samo gledam
Wir möchten nur schauen.	**Само гледамо.** Samo gledamo
Ich komme später noch einmal zurück.	**Вратићу се касније.** Vratiću se kasnije
Wir kommen später vorbei.	**Вратићемо се касније.** Vratićemo se kasnije
Rabatt | Ausverkauf	**попусти | распродаја** popusti | rasprodaja

Zeigen Sie mir bitte ...	**Да ли бисте ми, молим вас, показали ...** Da li biste mi, molim vas, pokazali ...
Geben Sie mir bitte ...	**Да ли бисте ми, молим вас, дали ...** Da li biste mi, molim vas, dali ...
Kann ich es anprobieren?	**Могу ли да пробам?** Mogu li da probam?
Entschuldigen Sie bitte, wo ist die Anprobe?	**Извините, где је кабина за пресвлачење?** Izvinite, gde je kabina za presvlačenje?
Welche Farbe mögen Sie?	**Коју боју бисте хтели?** Koju boju biste hteli?
Größe | Länge	**величина | дужина** veličina | dužina
Wie sitzt es?	**Како ми стоји?** Kako mi stoji?

Was kostet das?	**Колико кошта?** Koliko košta?
Das ist zu teuer.	**То је прескупо.** To je preskupo

Ich nehme es.	**Узећу то.** Uzeću to
Entschuldigen Sie bitte, wo ist die Kasse?	**Извините, где се плаћа?** Izvinite, gde se plaća?
Zahlen Sie Bar oder mit Karte?	**Плаћате ли готовином или кредитном картицом?** Plaćate li gotovinom ili kreditnom karticom?
in Bar | mit Karte	**Готовином | кредитном картицом** Gotovinom | kreditnom karticom

Brauchen Sie die Quittung?	**Желите ли рачун?** Želite li račun?
Ja, bitte.	**Да, молим.** Da, molim
Nein, es ist ok.	**Не, у реду је.** Ne, u redu je
Danke. Einen schönen Tag noch!	**Хвала. Пријатно!** Hvala. Prijatno!

In der Stadt

Entschuldigen Sie bitte, …	**Извините, молим вас …**
	Izvinite, molim vas …
Ich suche …	**Тражим …**
	Tražim …
die U-Bahn	**метро**
	metro
mein Hotel	**свој хотел**
	svoj hotel
das Kino	**биоскоп**
	bioskop
den Taxistand	**такси станицу**
	taksi stanicu

einen Geldautomat	**банкомат**
	bankomat
eine Wechselstube	**мењачницу**
	menjačnicu
ein Internetcafé	**интернет кафе**
	internet kafe
die … -Straße	**улицу …**
	ulicu …
diesen Ort	**ово место**
	ovo mesto

Wissen Sie, wo … ist?	**Знате ли где је …?**
	Znate li gde je …?
Wie heißt diese Straße?	**Која је ово улица?**
	Koja je ovo ulica?
Zeigen Sie mir wo wir gerade sind.	**Покажите ми где смо ми сада.**
	Pokažite mi gde smo mi sada
Kann ich dort zu Fuß hingehen?	**Могу ли до тамо пешке?**
	Mogu li do tamo peške?
Haben Sie einen Stadtplan?	**Имате ли мапу града?**
	Imate li mapu grada?

Was kostet eine Eintrittskarte?	**Колико кошта улазница?**
	Koliko košta ulaznica?
Darf man hier fotografieren?	**Могу ли овде да се сликам?**
	Mogu li ovde da se slikam?
Haben Sie offen?	**Да ли радите?**
	Da li radite?

Wann öffnen Sie?

Када отварате?
Kada otvarate?

Wann schließen Sie?

Када затварате?
Kada zatvarate?

Geld

Geld	новац novac
Bargeld	готовина gotovina
Papiergeld	папирни новац papirni novac
Kleingeld	кусур, ситниш kusur, sitniš
Scheck | Wechselgeld | Trinkgeld	рачун | кусур | бакшиш račun | kusur | bakšiš

Kreditkarte	кредитна картица kreditna kartica
Geldbeutel	новчаник novčanik
kaufen	купити kupiti
zahlen	платити platiti
Strafe	казна kazna
kostenlos	бесплатно besplatno

Wo kann ich … kaufen?	Где могу да купим …? Gde mogu da kupim …?
Ist die Bank jetzt offen?	Да ли је банка отворена сада? Da li je banka otvorena sada?
Wann öffnet sie?	Када се отвара? Kada se otvara?
Wann schließt sie?	Када се затвара? Kada se zatvara?

Wie viel?	Колико? Koliko?
Was kostet das?	Колико ово кошта? Koliko ovo košta?
Das ist zu teuer.	То је прескупо. To je preskupo

Entschuldigen Sie bitte, wo ist die Kasse?	Извините, где се плаћа? Izvinite, gde se plaća?
Ich möchte zahlen.	Рачун, молим. Račun, molim

Kann ich mit Karte zahlen?	**Могу ли да платим** **кредитном картицом?** Mogu li da platim kreditnom karticom?
Gibt es hier einen Geldautomat?	**Да ли овде негде има банкомат?** Da li ovde negde ima bankomat?
Ich brauche einen Geldautomat.	**Тражим банкомат.** Tražim bankomat
Ich suche eine Wechselstube.	**Тражим мењачницу.** Tražim menjačnicu
Ich möchte ... wechseln.	**Хтео бих да заменим ...** Hteo bih da zamenim ...
Was ist der Wechselkurs?	**Колики је курс?** Koliki je kurs?
Brauchen Sie meinen Reisepass?	**Да ли вам треба мој пасош?** Da li vam treba moj pasoš?

Zeit

Wie spät ist es?	**Колико је сати?** Koliko je sati?
Wann?	**Када?** Kada?
Um wie viel Uhr?	**У колико сати?** U koliko sati?
jetzt | später | nach …	**сада | касније | после …** sada | kasnije | posle …

ein Uhr	**један сат** jedan sat
Viertel zwei	**један и петнаест** jedan i petnaest
Ein Uhr dreißig	**пола два** pola dva
Viertel vor zwei	**петнаест до два** petnaest do dva

eins | zwei | drei	**један | два | три** jedan | dva | tri
vier | fünf | sechs	**четири | пет | шест** četiri | pet | šest
sieben | acht | neun	**седам | осам | девет** sedam | osam | devet
zehn | elf | zwölf	**десет | једанаест | дванаест** deset | jedanaest | dvanaest

in …	**за …** za …
fünf Minuten	**пет минута** pet minuta
zehn Minuten	**десет минута** deset minuta
fünfzehn Minuten	**петнаест минута** petnaest minuta
zwanzig Minuten	**двадесет минута** dvadeset minuta
einer halben Stunde	**пола сата** pola sata
einer Stunde	**сат времена** sat vremena

am Vormittag	**ујутру** ujutru
früh am Morgen	**рано ујутру** rano ujutru
diesen Morgen	**овог јутра** ovog jutra
morgen früh	**сутра ујутру** sutra ujutru
am Mittag	**за време ручка** za vreme ručka
am Nachmittag	**после подне** posle podne
am Abend	**увече** uveče
heute Abend	**вечерас** večeras
in der Nacht	**ноћу** noću
gestern	**јуче** juče
heute	**данас** danas
morgen	**сутра** sutra
übermorgen	**прекосутра** prekosutra
Welcher Tag ist heute?	**Који је данас дан?** Koji je danas dan?
Es ist …	**Данас је …** Danas je …
Montag	**Понедељак** Ponedeljak
Dienstag	**Уторак** Utorak
Mittwoch	**Среда** Sreda
Donnerstag	**Четвртак** Četvrtak
Freitag	**Петак** Petak
Samstag	**Субота** Subota
Sonntag	**Недеља** Nedelja

Begrüßungen und Vorstellungen

Hallo.

Здраво.
Zdravo

Freut mich, Sie kennen zu lernen.

Драго ми је што смо се упознали.
Drago mi je što smo se upoznali

Ganz meinerseits.

И мени.
I meni

Darf ich vorstellen? Das ist …

Хтео бих да упознаш …
Hteo bih da upoznaš …

Sehr angenehm.

Драго ми је што смо се упознали.
Drago mi je što smo se upoznali

Wie geht es Ihnen?

Како сте?
Kako ste?

Ich heiße …

Ја се зовем …
Ja se zovem …

Er heißt …

Он се зове …
On se zove …

Sie heißt …

Она се зове …
Ona se zove …

Wie heißen Sie?

Како се ви зовете?
Kako se vi zovete?

Wie heißt er?

Како се он зове?
Kako se on zove?

Wie heißt sie?

Како се она зове?
Kako se ona zove?

Wie ist Ihr Nachname?

Како се презивате?
Kako se prezivate?

Sie können mich … nennen.

Можете ме звати …
Možete me zvati …

Woher kommen Sie?

Одакле сте?
Odakle ste?

Ich komme aus …

Ја сам из …
Ja sam iz …

Was machen Sie beruflich?

Чиме се бавите?
Čime se bavite?

Wer ist das?

Ко је ово?
Ko je ovo?

Wer ist er?

Ко је он?
Ko je on?

Wer ist sie?

Ко је она?
Ko je ona?

Wer sind sie?

Ко су они?
Ko su oni?

Das ist …	**Ово је …**
	Ovo je …
mein Freund	**мој пријатељ**
	moj prijatelj
meine Freundin	**моја пријатељица**
	moja prijateljica
mein Mann	**мој муж**
	moj muž
meine Frau	**моја жена**
	moja žena
mein Vater	**мој отац**
	moj otac
meine Mutter	**моја мајка**
	moja majka
mein Bruder	**мој брат**
	moj brat
meine Schwester	**моја сестра**
	moja sestra
mein Sohn	**мој син**
	moj sin
meine Tochter	**моја ћерка**
	moja ćerka
Das ist unser Sohn.	**Ово је наш син.**
	Ovo je naš sin
Das ist unsere Tochter.	**Ово је наша ћерка.**
	Ovo je naša ćerka
Das sind meine Kinder.	**Ово су моја деца.**
	Ovo su moja deca
Das sind unsere Kinder.	**Ово су наша деца.**
	Ovo su naša deca

Verabschiedungen

Auf Wiedersehen!	**Довиђења!** Doviđenja!
Tschüss!	**Ћао!** Ćao!
Bis morgen.	**Видимо се сутра.** Vidimo se sutra
Bis bald.	**Видимо се ускоро.** Vidimo se uskoro
Bis um sieben.	**Видимо се у седам.** Vidimo se u sedam
Viel Spaß!	**Лепо се проведите!** Lepo se provedite!
Wir sprechen später.	**Чујемо се касније.** Čujemo se kasnije
Ich wünsche Ihnen ein schönes Wochenende.	**Леп викенд.** Lep vikend
Gute Nacht.	**Лаку ноћ.** Laku noć
Es ist Zeit, dass ich gehe.	**Време је да кренем.** Vreme je da krenem
Ich muss gehen.	**Морам да кренем.** Moram da krenem
Ich bin gleich wieder da.	**Одмах се враћам.** Odmah se vraćam
Es ist schon spät.	**Касно је.** Kasno je
Ich muss früh aufstehen.	**Морам рано да устанем.** Moram rano da ustanem
Ich reise morgen ab.	**Одлазим сутра.** Odlazim sutra
Wir reisen morgen ab.	**Одлазимо сутра.** Odlazimo sutra
Ich wünsche Ihnen eine gute Reise!	**Лепо се проведите на путу!** Lepo se provedite na putu!
Hat mich gefreut, Sie kennen zu lernen.	**Драго ми је што смо се упознали.** Drago mi je što smo se upoznali
Hat mich gefreut mit Ihnen zu sprechen.	**Драго ми је што смо поразговарали.** Drago mi je što smo porazgovarali
Danke für alles.	**Хвала на свему.** Hvala na svemu

Ich hatte eine sehr gute Zeit.	**Лепо сам се провео /провела/.** Lepo sam se proveo /provela/
Wir hatten eine sehr gute Zeit.	**Лепо смо се провели.** Lepo smo se proveli
Es war wirklich toll.	**Било је супер.** Bilo je super
Ich werde Sie vermissen.	**Недостајаћете ми.** Nedostajaćete mi
Wir werden Sie vermissen.	**Недостајаћете нам.** Nedostajaćete nam

Viel Glück!	**Срећно!** Srećno!
Grüßen Sie ...	**Поздравите ...** Pozdravite ...

Fremdsprache

Ich verstehe nicht.	**Не разумем.** Ne razumem
Schreiben Sie es bitte auf.	**Можете ли то записати?** Možete li to zapisati?
Sprechen Sie …?	**Да ли говорите …?** Da li govorite …?

Ich spreche ein bisschen …	**Помало говорим …** Pomalo govorim …
Englisch	**Енглески** Engleski
Türkisch	**Турски** Turski
Arabisch	**Арапски** Arapski
Französisch	**Француски** Francuski

Deutsch	**Немачки** Nemački
Italienisch	**Италијански** Italijanski
Spanisch	**Шпански** Španski
Portugiesisch	**Португалски** Portugalski
Chinesisch	**Кинески** Kineski
Japanisch	**Јапански** Japanski

Ich verstehe.	**Разумем.** Razumem
Ich verstehe nicht.	**Не разумем.** Ne razumem

Können Sie das bitte wiederholen.	**Можете ли то да поновите, молим вас.** Možete li to da ponovite, molim vas
Sprechen Sie etwas langsamer.	**Молим вас, говорите спорије.** Molim vas, govorite sporije

Ist das richtig?	**Јел' тако?** Jel' tako?
Was ist das? (Was bedeutet das?)	**Шта је ово?** Šta je ovo?

Entschuldigungen

Entschuldigen Sie bitte.

Извините, молим вас.
Izvinite, molim vas

Es tut mir leid.

Извините.
Izvinite

Es tut mir sehr leid.

Јако ми је жао.
Jako mi je žao

Es tut mir leid, das ist meine Schuld.

Извините, ја сам крив.
Izvinite, ja sam kriv

Das ist mein Fehler.

Моја грешка.
Moja greška

Darf ich …?

Смем ли …?
Smem li …?

Haben Sie etwas dagegen, wenn ich …?

Да ли би вам сметало да …?
Da li bi vam smetalo da …?

Es ist okay.

OK је.
OK je

Alles in Ordnung.

У реду је.
U redu je

Machen Sie sich keine Sorgen.

Не брините.
Ne brinite

Einigung

Ja.	**Да.** Da
Ja, natürlich.	**Да, свакако.** Da, svakako
Ok! (Gut!)	**Добро, важи!** Dobro, važi!
Sehr gut.	**Врло добро.** Vrlo dobro
Natürlich!	**Свакако!** Svakako!
Genau.	**Слажем се.** Slažem se
Das stimmt.	**Тако је.** Tako je
Das ist richtig.	**То је тачно.** To je tačno
Sie haben Recht.	**Ви сте у праву.** Vi ste u pravu
Ich habe nichts dagegen.	**Не смета ми.** Ne smeta mi
Völlig richtig.	**Потпуно тачно.** Potpuno tačno
Das kann sein.	**Могуће је.** Moguće je
Das ist eine gute Idee.	**То је добра идеја.** To je dobra ideja
Ich kann es nicht ablehnen.	**Не могу да одбијем.** Ne mogu da odbijem
Ich würde mich freuen.	**Биће ми задовољство.** Biće mi zadovoljstvo
Gerne.	**Са задовољством.** Sa zadovoljstvom

Ablehnung. Äußerung von Zweifel

Nein.
Не.
Ne

Natürlich nicht.
Нипошто.
Nipošto

Ich stimme nicht zu.
Не слажем се.
Ne slažem se

Das glaube ich nicht.
Не мислим тако.
Ne mislim tako

Das ist falsch.
Није истина.
Nije istina

Sie liegen falsch.
Грешите.
Grešite

Ich glaube, Sie haben Unrecht.
Мислим да грешите.
Mislim da grešite

Ich bin nicht sicher.
Нисам сигуран /сигурна/.
Nisam siguran /sigurna/

Das ist unmöglich.
Немогуће.
Nemoguće

Nichts dergleichen!
Нема шансе!
Nema šanse!

Im Gegenteil!
Потпуно супротно.
Potpuno suprotno

Ich bin dagegen.
Ја сам против тога.
Ja sam protiv toga

Es ist mir egal.
Баш ме брига.
Baš me briga

Keine Ahnung.
Немам појма.
Nemam pojma

Ich bezweifle, dass es so ist.
Не мислим тако.
Ne mislim tako

Es tut mir leid, ich kann nicht.
Жао ми је, не могу.
Žao mi je, ne mogu

Es tut mir leid, ich möchte nicht.
Жао ми је, не желим.
Žao mi je, ne želim

Danke, das brauche ich nicht.
Хвала, али то ми није потребно.
Hvala, ali to mi nije potrebno

Es ist schon spät.
Већ је касно.
Već je kasno

Ich muss früh aufstehen.

Морам рано да устанем.
Moram rano da ustanem

Mir geht es schlecht.

Не осећам се добро.
Ne osećam se dobro

Dankbarkeit ausdrücken

Danke.	**Хвала вам.** Hvala vam
Dankeschön.	**Много вам хвала.** Mnogo vam hvala
Ich bin Ihnen sehr verbunden.	**Заиста то ценим.** Zaista to cenim
Ich bin Ihnen sehr dankbar.	**Заиста сам вам захвалан /захвална/.** Zaista sam vam zahvalan /zahvalna/
Wir sind Ihnen sehr dankbar.	**Заиста смо вам захвални.** Zaista smo vam zahvalni

Danke, dass Sie Ihre Zeit geopfert haben.	**Хвала вам на времену.** Hvala vam na vremenu
Danke für alles.	**Хвала на свему.** Hvala na svemu
Danke für ...	**Хвала вам на ...** Hvala vam na ...
Ihre Hilfe	**вашој помоћи** vašoj pomoći
die schöne Zeit	**на лепом проводу** na lepom provodu

das wunderbare Essen	**лепом оброку** lepom obroku
den angenehmen Abend	**лепој вечери** lepoj večeri
den wunderschönen Tag	**дивном дану** divnom danu
die interessante Führung	**сјајном путовању** sjajnom putovanju

Keine Ursache.	**Није то ништа.** Nije to ništa
Nichts zu danken.	**Нема на чему.** Nema na čemu
Immer gerne.	**У свако доба.** U svako doba
Es freut mich, geholfen zu haben.	**Било ми је задовољство.** Bilo mi je zadovoljstvo
Vergessen Sie es.	**Заборавите на то.** Zaboravite na to
Machen Sie sich keine Sorgen.	**Не брините за то.** Ne brinite za to

Glückwünsche. Beste Wünsche

Glückwunsch!	**Честитам!** Čestitam!
Alles gute zum Geburtstag!	**Срећан рођендан!** Srećan rođendan!
Frohe Weihnachten!	**Срећан Божић!** Srećan Božić!
Frohes neues Jahr!	**Срећна Нова година!** Srećna Nova godina!
Frohe Ostern!	**Срећан Ускрс!** Srećan Uskrs!
Frohes Hanukkah!	**Срећна Ханука!** Srećna Hanuka!
Ich möchte einen Toast ausbringen.	**Хтео бих да наздравим.** Hteo bih da nazdravim
Auf Ihr Wohl!	**Живели!** Živeli!
Trinken wir auf …!	**Попијмо у име …!** Popijmo u ime …!
Auf unseren Erfolg!	**За наш успех!** Za naš uspeh!
Auf Ihren Erfolg!	**За ваш успех!** Za vaš uspeh!
Viel Glück!	**Срећно!** Srećno!
Einen schönen Tag noch!	**Пријатан дан!** Prijatan dan!
Haben Sie einen guten Urlaub!	**Уживајте на одмору!** Uživajte na odmoru!
Haben Sie eine sichere Reise!	**Срећан пут!** Srećan put!
Ich hoffe es geht Ihnen bald besser!	**Надам се да ћете се ускоро опоравити!** Nadam se da ćete se uskoro oporaviti!

Sozialisieren

Warum sind Sie traurig?	**Зашто си тужна?** Zašto si tužna?
Lächeln Sie!	**Насмеши се! Разведри се!** Nasmeši se! Razvedri se!
Sind Sie heute Abend frei?	**Да ли си слободна вечерас?** Da li si slobodna večeras?
Darf ich Ihnen was zum Trinken anbieten?	**Могу ли вам понудити пиће?** Mogu li vam ponuditi piće?
Möchten Sie tanzen?	**Да ли сте за плес?** Da li ste za ples?
Gehen wir ins Kino.	**Хајдемо у биоскоп.** Hajdemo u bioskop
Darf ich Sie ins … einladen?	**Могу ли вас позвати у …?** Mogu li vas pozvati u …?
Restaurant	**ресторан** restoran
Kino	**биоскоп** bioskop
Theater	**позориште** pozorište
auf einen Spaziergang	**у шетњу** u šetnju
Um wie viel Uhr?	**У колико сати?** U koliko sati?
heute Abend	**вечерас** večeras
um sechs Uhr	**у шест** u šest
um sieben Uhr	**у седам** u sedam
um acht Uhr	**у осам** u osam
um neun Uhr	**у девет** u devet
Gefällt es Ihnen hier?	**Да ли ти се допада овде?** Da li ti se dopada ovde?
Sind Sie hier mit jemandem?	**Да ли си овде са неким?** Da li si ovde sa nekim?
Ich bin mit meinem Freund /meiner Freundin/.	**Са пријатељем /пријатељицом/.** Sa prijateljem /prijateljicom/

Ich bin mit meinen Freunden.	**Са пријатељима.** Sa prijateljima
Nein, ich bin alleine.	**Не, сâм сам. /Не, сама сам/.** Ne, sâm sam. /Ne, sama sam/

Hast du einen Freund?	**Да ли имаш дечка?** Da li imaš dečka?
Ich habe einen Freund.	**Имам дечка.** Imam dečka
Hast du eine Freundin?	**Да ли имаш девојку?** Da li imaš devojku?
Ich habe eine Freundin.	**Имам девојку.** Imam devojku

Kann ich dich nochmals sehen?	**Могу ли опет да те видим?** Mogu li opet da te vidim?
Kann ich dich anrufen?	**Могу ли да те позовем?** Mogu li da te pozovem?
Ruf mich an.	**Позови ме.** Pozovi me
Was ist deine Nummer?	**Који ти је број телефона?** Koji ti je broj telefona?
Ich vermisse dich.	**Недостајеш ми.** Nedostaješ mi

Sie haben einen schönen Namen.	**Имате лепо име.** Imate lepo ime
Ich liebe dich.	**Волим те.** Volim te
Willst du mich heiraten?	**Удај се за мене.** Udaj se za mene
Sie machen Scherze!	**Шалите се!** Šalite se!
Ich habe nur gescherzt.	**Само се шалим.** Samo se šalim

Ist das Ihr Ernst?	**Да ли сте озбиљни?** Da li ste ozbiljni?
Das ist mein Ernst.	**Озбиљан сам.** Ozbiljan sam
Echt?!	**Стварно?!** Stvarno?!
Das ist unglaublich!	**То је невероватно!** To je neverovatno!
Ich glaube Ihnen nicht.	**Не верујем вам.** Ne verujem vam
Ich kann nicht.	**Не могу.** Ne mogu
Ich weiß nicht.	**Не знам.** Ne znam
Ich verstehe Sie nicht.	**Не разумем те.** Ne razumem te

Bitte gehen Sie weg.

Молим вас, одлазите.
Molim vas, odlazite

Lassen Sie mich in Ruhe!

Оставите ме на миру!
Ostavite me na miru!

Ich kann ihn nicht ausstehen.

Не могу да га поднесем.
Ne mogu da ga podnesem

Sie sind widerlich!

Одвратни сте!
Odvratni ste!

Ich rufe die Polizei an!

Зваћу полицију!
Zvaću policiju!

Gemeinsame Eindrücke. Emotionen

Das gefällt mir.	**Свиђа ми се то.** Sviđa mi se to
Sehr nett.	**Баш лепо.** Baš lepo
Das ist toll!	**То је супер!** To je super!
Das ist nicht schlecht.	**Није лоше.** Nije loše
Das gefällt mir nicht.	**Не свиђа ми се.** Ne sviđa mi se
Das ist nicht gut.	**Није добро.** Nije dobro
Das ist schlecht.	**Лоше је.** Loše je
Das ist sehr schlecht.	**Много је лоше.** Mnogo je loše
Das ist widerlich.	**Грозно је.** Grozno je
Ich bin glücklich.	**Срећан /Срећна/ сам.** Srećan /Srećna/ sam
Ich bin zufrieden.	**Задовољан /Задовољна/ сам.** Zadovoljan /Zadovoljna/ sam
Ich bin verliebt.	**Заљубљен /Заљубљена/ сам.** Zaljubljen /Zaljubljena/ sam
Ich bin ruhig.	**Миран /Мирна/ сам.** Miran /Mirna/ sam
Ich bin gelangweilt.	**Досадно ми је.** Dosadno mi je
Ich bin müde.	**Уморан /Уморна/ сам.** Umoran /Umorna/ sam
Ich bin traurig.	**Тужан /Тужна/ сам.** Tužan /Tužna/ sam
Ich habe Angst.	**Уплашен /Уплашена/ сам.** Uplašen /Uplašena/ sam
Ich bin wütend.	**Љут /Љута/ сам.** Ljut /Ljuta/ sam
Ich mache mir Sorgen.	**Забринут /Забринута/ сам.** Zabrinut /Zabrinuta/ sam
Ich bin nervös.	**Нервозан /Нервозна/ сам.** Nervozan /Nervozna/ sam

Ich bin eifersüchtig.

Љубоморан /Љубоморна/ сам.
Ljubomoran /Ljubomorna/ sam

Ich bin überrascht .

Изненађен /Изненађена/ сам.
Iznenađen /Iznenađena/ sam

Es ist mir peinlich.

Збуњен /Збуњена/ сам.
Zbunjen /Zbunjena/ sam

Probleme. Unfälle

Ich habe ein Problem.	**Имам проблем.** Imam problem
Wir haben Probleme.	**Имамо проблем.** Imamo problem
Ich bin verloren.	**Изгубио /Изгубила/ сам се.** Izgubio /Izgubila/ sam se
Ich habe den letzten Bus (Zug) verpasst.	**Пропустио /пропустила/ сам последњи аутобус (воз).** Propustio /propustila/ sam poslednji autobus (voz)
Ich habe kein Geld mehr.	**Немам више новца.** Nemam više novca

Ich habe mein … verloren.	**Изгубио /Изгубила/ сам …** Izgubio /Izgubila/ sam …
Jemand hat mein … gestohlen.	**Неко ми је украо …** Neko mi je ukrao …
Reisepass	**пасош** pasoš
Geldbeutel	**новчаник** novčanik
Papiere	**папире** papire
Fahrkarte	**карту** kartu
Geld	**новац** novac
Tasche	**ташну** tašnu
Kamera	**фото-апарат** foto-aparat
Laptop	**лаптоп** laptop
Tabletcomputer	**таблет рачунар** tablet računar
Handy	**мобилни телефон** mobilni telefon

Hilfe!	**Помозите ми!** Pomozite mi!
Was ist passiert?	**Шта се десило?** Šta se desilo?
Feuer	**пожар** požar

Schießerei	**пуцњава** pucnjava
Mord	**убиство** ubistvo
Explosion	**експлозија** eksplozija
Schlägerei	**туча** tuča

Rufen Sie die Polizei!	**Позовите полицију!** Pozovite policiju!
Beeilen Sie sich!	**Молим вас, пожурите!** Molim vas, požurite!
Ich suche nach einer Polizeistation.	**Тражим полицијску станицу.** Tražim policijsku stanicu
Ich muss einen Anruf tätigen.	**Морам да телефонирам.** Moram da telefoniram
Kann ich Ihr Telefon benutzen?	**Могу ли да се послужим вашим телефоном?** Mogu li da se poslužim vašim telefonom?

Ich wurde …	**Неко ме је …** Neko me je …
ausgeraubt	**покрао** pokrao
überfallen	**опљачкао** opljačkao
vergewaltigt	**силовао** silovao
angegriffen	**напао** napao

Ist bei Ihnen alles in Ordnung?	**Да ли сте добро?** Da li ste dobro?
Haben Sie gesehen wer es war?	**Да ли сте видели ко је то био?** Da li ste videli ko je to bio?
Sind Sie in der Lage die Person wiederzuerkennen?	**Да ли бисте могли да препознате ту особу?** Da li biste mogli da prepoznate tu osobu?
Sind sie sicher?	**Да ли сте сигурни?** Da li ste sigurni?

Beruhigen Sie sich bitte!	**Молим вас, смирите се.** Molim vas, smirite se
Ruhig!	**Само полако!** Samo polako!
Machen Sie sich keine Sorgen	**Не брините!** Ne brinite!
Alles wird gut.	**Све ће бити у реду.** Sve će biti u redu

Alles ist in Ordnung.	**Све је у реду.** Sve je u redu
Kommen Sie bitte her.	**Дођите, молим вас.** Dođite, molim vas
Ich habe einige Fragen für Sie.	**Имам питања за вас.** Imam pitanja za vas
Warten Sie einen Moment bitte.	**Сачекајте, молим вас.** Sačekajte, molim vas
Haben Sie einen Identifikationsnachweis?	**Имате ли исправе?** Imate li isprave?
Danke. Sie können nun gehen.	**Хвала. Можете ићи.** Hvala. Možete ići
Hände hinter dem Kopf!	**Руке иза главе!** Ruke iza glave!
Sie sind verhaftet!	**Ухапшени сте!** Uhapšeni ste!

Gesundheitsprobleme

Helfen Sie mir bitte.	**Молим вас, помозите ми.** Molim vas, pomozite mi
Mir ist schlecht.	**Не осећам се добро.** Ne osećam se dobro
Meinem Ehemann ist schlecht.	**Мој муж се не осећа добро.** Moj muž se ne oseća dobro
Mein Sohn ...	**Мој син ...** Moj sin ...
Mein Vater ...	**Мој отац ...** Moj otac ...
Meine Frau fühlt sich nicht gut.	**Моја жена се не осећа добро.** Moja žena se ne oseća dobro
Meine Tochter ...	**Моја ћерка ...** Moja ćerka ...
Meine Mutter ...	**Моја мајка ...** Moja majka ...
Ich habe ... schmerzen.	**Боли ме ...** Boli me ...
Kopf-	**глава** glava
Hals-	**грло** grlo
Bauch-	**стомак** stomak
Zahn-	**зуб** zub
Mir ist schwindelig.	**Врти ми се у глави.** Vrti mi se u glavi
Er hat Fieber.	**Он има температуру.** On ima temperaturu
Sie hat Fieber.	**Она има температуру.** Ona ima temperaturu
Ich kann nicht atmen.	**Не могу да дишем.** Ne mogu da dišem
Ich kriege keine Luft.	**Не могу да удахнем.** Ne mogu da udahnem
Ich bin Asthmatiker.	**Ја сам асматичар /асматичарка/.** Ja sam asmatičar /asmatičarka/
Ich bin Diabetiker /Diabetikerin/	**Ја сам дијабетичар /дијабетичарка/.** Ja sam dijabetičar /dijabetičarka/

Ich habe Schlaflosigkeit.

Не могу да спавам.
Ne mogu da spavam

Lebensmittelvergiftung

тровање храном
trovanje hranom

Es tut hier weh.

Овде ме боли.
Ovde me boli

Hilfe!

Помозите ми!
Pomozite mi!

Ich bin hier!

Овде сам!
Ovde sam!

Wir sind hier!

Овде смо!
Ovde smo!

Bringen Sie mich hier raus!

Вадите ме одавде!
Vadite me odavde!

Ich brauche einen Arzt.

Потребан ми је лекар.
Potreban mi je lekar

Ich kann mich nicht bewegen.

Не могу да се померим.
Ne mogu da se pomerim

Ich kann meine Beine nicht bewegen.

Не могу да померам ноге.
Ne mogu da pomeram noge

Ich habe eine Wunde.

Имам рану.
Imam ranu

Ist es ernst?

Да ли је озбиљно?
Da li je ozbiljno?

Meine Dokumente sind in meiner Hosentasche.

Документа су ми у џепу.
Dokumenta su mi u džepu

Beruhigen Sie sich!

Смирите се!
Smirite se!

Kann ich Ihr Telefon benutzen?

Могу ли да се послужим вашим телефоном?
Mogu li da se poslužim vašim telefonom?

Rufen Sie einen Krankenwagen!

Позовите хитну помоћ!
Pozovite hitnu pomoć!

Es ist dringend!

Хитно је!
Hitno je!

Es ist ein Notfall!

Хитан случај!
Hitan slučaj!

Schneller bitte!

Молим вас, пожурите!
Molim vas, požurite!

Können Sie bitte einen Arzt rufen?

Молим вас, зовите доктора?
Molim vas, zovite doktora?

Wo ist das Krankenhaus?

Где је болница?
Gde je bolnica?

Wie fühlen Sie sich?

Како се осећате?
Kako se osećate?

Ist bei Ihnen alles in Ordnung?

Да ли сте добро?
Da li ste dobro?

Was ist passiert?	**Шта се десило?** Šta se desilo?
Mir geht es schon besser.	**Сада се осећам боље.** Sada se osećam bolje
Es ist in Ordnung.	**OK је.** OK je
Alles ist in Ordnung.	**У реду је.** U redu je

In der Apotheke

Apotheke	**апотека** apoteka
24 Stunden Apotheke	**дежурна апотека** dežurna apoteka
Wo ist die nächste Apotheke?	**Где је најближа апотека?** Gde je najbliža apoteka?
Ist sie jetzt offen?	**Да ли је отворена сада?** Da li je otvorena sada?
Um wie viel Uhr öffnet sie?	**Када се отвара?** Kada se otvara?
Um wie viel Uhr schließt sie?	**Када се затвара?** Kada se zatvara?
Ist es weit?	**Да ли је далеко?** Da li je daleko?
Kann ich dort zu Fuß hingehen?	**Могу ли до тамо пешке?** Mogu li do tamo peške?
Können Sie es mir auf der Karte zeigen?	**Можете ли да ми покажете на мапи?** Možete li da mi pokažete na mapi?
Bitte geben sie mir etwas gegen …	**Молим вас, дајте ми нешто за …** Molim vas, dajte mi nešto za …
Kopfschmerzen	**главобољу** glavobolju
Husten	**кашаљ** kašalj
eine Erkältung	**прехладу** prehladu
die Grippe	**грип** grip
Fieber	**температуру** temperaturu
Magenschmerzen	**стомачне тегобе** stomačne tegobe
Übelkeit	**мучнину** mučninu
Durchfall	**дијареју** dijareju
Verstopfung	**констипацију** konstipaciju
Rückenschmerzen	**болове у леђима** bolove u leđima

Brustschmerzen	**болове у грудима** bolove u grudima
Seitenstechen	**бол у боку** bol u boku
Bauchschmerzen	**бол у стомаку** bol u stomaku

Pille	**пилула** pilula
Salbe, Creme	**маст, крема** mast, krema
Sirup	**сируп** sirup
Spray	**спреj** sprej
Tropfen	**капи** kapi

Sie müssen ins Krankenhaus gehen.	**Морате у болницу.** Morate u bolnicu
Krankenversicherung	**здравствено осигурање** zdravstveno osiguranje
Rezept	**рецепт** recept
Insektenschutzmittel	**нешто против инсеката** nešto protiv insekata
Pflaster	**фластер** flaster

Das absolute Minimum

Entschuldigen Sie bitte, ...	**Извините, ...** Izvinite, ...
Hallo.	**Добар дан.** Dobar dan
Danke.	**Хвала вам.** Hvala vam
Auf Wiedersehen.	**Довиђења.** Doviđenja
Ja.	**Да.** Da
Nein.	**Не.** Ne
Ich weiß nicht.	**Не знам.** Ne znam
Wo? | Wohin? | Wann?	**Где? | Куда? | Када?** Gde? | Kuda? | Kada?

Ich brauche ...	**Треба ми ...** Treba mi ...
Ich möchte ...	**Хоћу ...** Hoću ...
Haben Sie ...?	**Имате ли ...?** Imate li ...?
Gibt es hier ...?	**Да ли овде постоји ...?** Da li ovde postoji ...?
Kann ich ...?	**Смем ли ...?** Smem li ...?
Bitte (anfragen)	**молим** molim

Ich suche ...	**Тражим ...** Tražim ...
die Toilette	**тоалет** toalet
den Geldautomat	**банкомат** bankomat
die Apotheke	**апотеку** apoteku
das Krankenhaus	**болницу** bolnicu
die Polizeistation	**полицијску станицу** policijsku stanicu
die U-Bahn	**метро** metro

das Taxi	**такси** taksi
den Bahnhof	**железничку станицу** železničku stanicu
Ich heiße …	**Ja се зовем …** Ja se zovem …
Wie heißen Sie?	**Како се ви зовете?** Kako se vi zovete?
Helfen Sie mir bitte.	**Да ли бисте, молим вас, могли да ми помогнете?** Da li biste, molim vas, mogli da mi pomognete?
Ich habe ein Problem.	**Имам проблем.** Imam problem
Mir ist schlecht.	**Не осећам се добро.** Ne osećam se dobro
Rufen Sie einen Krankenwagen!	**Позовите хитну помоћ!** Pozovite hitnu pomoć!
Darf ich telefonieren?	**Смем ли да телефонирам?** Smem li da telefoniram?
Entschuldigung.	**Извините …** Izvinite …
Keine Ursache.	**Нема на чему.** Nema na čemu
ich	**ja, мене** ja, mene
du	**ти** ti
er	**он** on
sie	**она** ona
sie (Pl, Mask.)	**они** oni
sie (Pl, Fem.)	**оне** one
wir	**ми** mi
ihr	**ви** vi
Sie	**ви** vi
EINGANG	**УЛАЗ** ULAZ
AUSGANG	**ИЗЛАЗ** IZLAZ
AUßER BETRIEB	**НЕ РАДИ** NE RADI

GESCHLOSSEN	**ЗАТВОРЕНО** ZATVORENO
OFFEN	**ОТВОРЕНО** OTVORENO
FÜR DAMEN	**ЗА ЖЕНЕ** ZA ŽENE
FÜR HERREN	**ЗА МУШКАРЦЕ** ZA MUŠKARCE

AKTUELLES VOKABULAR

Dieser Teil beinhaltet mehr als 3.000 der wichtigsten Wörter. Das Wörterbuch wird Ihnen wertvolle Unterstützung während Ihrer Reise bieten, weil einzelne, häufig benutzte Wörter genug sind, damit Sie verstanden werden. Das Wörterbuch beinhaltet eine praktische Transkription jedes Fremdworts

T&P Books Publishing

INHALT WÖRTERBUCH

T&P BOOKS

GRUNDBEGRIFFE

T&P Books Publishing

1. Pronomen

ich	ja	ja
du	ти	ti
er	он	on
sie	она	ona
es	оно	ono
wir	ми	mi
ihr	ви	vi
sie (Mask.)	они	oni
sie (Fem.)	оне	one

2. Grüße. Begrüßungen

Hallo! (ugs.)	Здраво!	Zdravo!
Hallo! (Amtsspr.)	Добар дан!	Dobar dan!
Guten Morgen!	Добро јутро!	Dobro jutro!
Guten Tag!	Добар дан!	Dobar dan!
Guten Abend!	Добро вече!	Dobro veče!
grüßen (vi, vt)	поздрављати се	pozdravljati se
Hallo! (ugs.)	Здраво!	Zdravo!
Gruß (m)	поздрав (м)	pozdrav
begrüßen (vt)	поздрављати	pozdravljati
Wie geht es Ihnen?	Како сте?	Kako ste?
Wie geht's dir?	Како си?	Kako si?
Was gibt es Neues?	Шта има ново?	Šta ima novo?
Auf Wiedersehen!	Довиђења!	Doviđenja!
Wiedersehen! Tschüs!	Здраво!	Zdravo!
Bis bald!	До скорог виђења!	Do skorog viđenja!
Lebe wohl!	Збогом!	Zbogom!
Leben Sie wohl!		
sich verabschieden	опраштати се	opraštati se
Tschüs!	Здраво!	Zdravo!
Danke!	Хвала!	Hvala!
Dankeschön!	Хвала лепо!	Hvala lepo!
Bitte (Antwort)	Нема на чему	Nema na čemu
Keine Ursache.	Никакав проблем!	Nikakav problem!
Nichts zu danken.	Нема на чему	Nema na čemu
Entschuldige!	Извини!	Izvini!

| Entschuldigung! | Извините! | Izvinite! |
| entschuldigen (vt) | извинити | izviniti |

sich entschuldigen	извињавати се	izvinjavati se
Verzeihung!	Извињавам се	Izvinjavam se
Es tut mir leid!	Опростите!	Oprostite!
verzeihen (vt)	опраштати	opraštati
Das macht nichts!	У реду је!	U redu je!
bitte (Die Rechnung, ~!)	молим	molim

Nicht vergessen!	Немојте да заборавите!	Nemojte da zaboravite!
Natürlich!	Свакако!	Svakako!
Natürlich nicht!	Наравно да не!	Naravno da ne!
Gut! Okay!	Цлажем се!	Clažem se!
Es ist genug!	Доста!	Dosta!

3. Fragen

Wer?	Ко?	Ko?
Was?	Шта?	Šta?
Wo?	Где?	Gde?
Wohin?	Куда?	Kuda?
Woher?	Одакле?	Odakle?
Wann?	Када?	Kada?
Wozu?	Зашто? Због чега?	Zašto? Zbog čega?
Warum?	Зашто?	Zašto?

Wofür?	Због чега?	Zbog čega?
Wie?	Како?	Kako?
Welcher?	Какав?	Kakav?

Wem?	Коме?	Kome?
Über wen?	О коме?	O kome?
Wovon? (~ sprichst du?)	О чему?	O čemu?
Mit wem?	С ким?	S kim?

| Wie viel? Wie viele? | Колико? | Koliko? |
| Wessen? | Чији? Чија? Чије? | Čiji? Čija? Čije? |

4. Präpositionen

mit (Frau ~ Katzen)	са	sa
ohne (~ Dich)	без	bez
nach (~ London)	у	u
über	о	o
(~ Geschäfte sprechen)		
vor (z.B. ~ acht Uhr)	пре	pre
vor (z.B. ~ dem Haus)	испред	ispred

unter (~ dem Schirm)	испод	ispod
über	изнад	iznad
(~ dem Meeresspiegel)		
auf (~ dem Tisch)	на	na
aus (z.B. ~ München)	из	iz
aus (z.B. ~ Porzellan)	од	od
in (~ zwei Tagen)	за	za
über (~ zaun)	преко	preko

5. Funktionswörter. Adverbien. Teil 1

Wo?	Где?	Gde?
hier	овде	ovde
dort	тамо	tamo
irgendwo	негде	negde
nirgends	нигде	nigde
an (bei)	код	kod
am Fenster	код прозора	kod prozora
Wohin?	Куда?	Kuda?
hierher	овамо	ovamo
dahin	тамо	tamo
von hier	одавде	odavde
von da	оданде	odande
nah (Adv)	близу	blizu
weit, fern (Adv)	далеко	daleko
in der Nähe von …	у близини	u blizini
in der Nähe	у близини	u blizini
unweit (~ unseres Hotels)	недалеко	nedaleko
link (Adj)	леви	levi
links (Adv)	слева	sleva
nach links	лево	levo
recht (Adj)	десни	desni
rechts (Adv)	здесна	zdesna
nach rechts	десно	desno
vorne (Adv)	спреда	spreda
Vorder-	предњи	prednji
vorwärts	унапред	unapred
hinten (Adv)	иза	iza
von hinten	отпозади	otpozadi
rückwärts (Adv)	унатраг	unatrag

Mitte (f)	средина (ж)	sredina
in der Mitte	у средини	u sredini
seitlich (Adv)	са стране	sa strane
überall (Adv)	свуда	svuda
ringsherum (Adv)	око	oko
von innen (Adv)	изнутра	iznutra
irgendwohin (Adv)	некуда	nekuda
geradeaus (Adv)	право	pravo
zurück (Adv)	назад	nazad
irgendwoher (Adv)	однекуд	odnekud
von irgendwo (Adv)	од негде	od negde
erstens	прво	prvo
zweitens	друго	drugo
drittens	треће	treće
plötzlich (Adv)	изненада	iznenada
zuerst (Adv)	у почетку	u početku
zum ersten Mal	први пут	prvi put
lange vor...	много пре ...	mnogo pre ...
von Anfang an	поново	ponovo
für immer	заувек	zauvek
nie (Adv)	никад	nikad
wieder (Adv)	опет	opet
jetzt (Adv)	сада	sada
oft (Adv)	често	često
damals (Adv)	тада	tada
dringend (Adv)	хитно	hitno
gewöhnlich (Adv)	обично	obično
übrigens, ...	узгред, ...	uzgred, ...
möglicherweise (Adv)	могуће	moguće
wahrscheinlich (Adv)	вероватно	verovatno
vielleicht (Adv)	можда	možda
außerdem ...	осим тога ...	osim toga ...
deshalb ...	због тога ...	zbog toga ...
trotz ...	без обзира на ...	bez obzira na ...
dank ...	захваљујући ...	zahvaljujući ...
was (~ ist denn?)	шта	šta
das (~ ist alles)	да	da
etwas	нешто	nešto
irgendwas	нешто	nešto
nichts	ништа	ništa
wer (~ ist ~?)	ко	ko
jemand	неко	neko
irgendwer	неко	neko

niemand	нико	niko
nirgends	никуд	nikud
niemandes (~ Eigentum)	ничији	ničiji
jemandes	нечији	nečiji

so (derart)	тако	tako
auch	такође	takođe
ebenfalls	исто, такође	isto, takođe

6. Funktionswörter. Adverbien. Teil 2

Warum?	Зашто?	Zašto?
aus irgendeinem Grund	из неког разлога	iz nekog razloga
weil ...	зато што ...	zato što ...
zu irgendeinem Zweck	због нечега	zbog nečega

und	и	i
oder	или	ili
aber	али	ali
für (präp)	за	za

zu (~ viele)	сувише, превише	suviše, previše
nur (~ einmal)	само	samo
genau (Adv)	тачно	tačno
etwa	око	oko

ungefähr (Adv)	приближно	približno
ungefähr (Adj)	приближан	približan
fast	скоро, замало	skoro, zamalo
Übrige (n)	остало (c)	ostalo

der andere	други	drugi
andere	другачији	drugačiji
jeder (~ Mann)	свак	svak
beliebig (Adj)	било који	bilo koji
viel	много	mnogo
viele Menschen	многи	mnogi
alle (wir ~)	сви	svi

im Austausch gegen ...	у замену за ...	u zamenu za ...
dafür (Adv)	у замену	u zamenu
mit dor Hand (Hand-)	ручно	ručno
schwerlich (Adv)	једва да	jedva da

wahrscheinlich (Adv)	вероватно	verovatno
absichtlich (Adv)	намерно	namerno
zufällig (Adv)	случајно	slučajno

| sehr (Adv) | врло | vrlo |
| zum Beispiel | на пример | na primer |

zwischen	**између**	između
unter (Mörder sind ~ uns)	**међу**	među
so viele (~ Ideen)	**толико**	toliko
besonders (Adv)	**нарочито**	naročito

ZAHLEN. VERSCHIEDENES

T&P Books Publishing

null	нула	nula
eins	један	jedan
zwei	два	dva
drei	три	tri
vier	четири	četiri

fünf	пет	pet
sechs	шест	šest
sieben	седам	sedam
acht	осам	osam
neun	девет	devet

zehn	десет	deset
elf	једанаест	jedanaest
zwölf	дванаест	dvanaest
dreizehn	тринаест	trinaest
vierzehn	четрнаест	četrnaest

fünfzehn	петнаест	petnaest
sechzehn	шеснаест	šesnaest
siebzehn	седамнаест	sedamnaest
achtzehn	осамнаест	osamnaest
neunzehn	деветнаест	devetnaest

zwanzig	двадесет	dvadeset
einundzwanzig	двадесет и један	dvadeset i jedan
zweiundzwanzig	двадесет и два	dvadeset i dva
dreiundzwanzig	двадесет и три	dvadeset i tri

dreißig	тридесет	trideset
einunddreißig	тридесет и један	trideset i jedan
zweiunddreißig	тридесет и два	trideset i dva
dreiunddreißig	тридесет и три	trideset i tri

vierzig	четрдесет	četrdeset
einundvierzig	четрдесет и један	četrdeset i jedan
zweiundvierzig	четрдесет и два	četrdeset i dva
dreiundvierzig	четрдесет и три	četrdeset i tri

fünfzig	педесет	pedeset
einundfünfzig	педесет и један	pedeset i jedan
zweiundfünfzig	педесет и два	pedeset i dva
dreiundfünfzig	педесет и три	pedeset i tri
sechzig	шездесет	šezdeset

einundsechzig	шездесет и један	šezdeset i jedan
zweiundsechzig	шездесет и два	šezdeset i dva
dreiundsechzig	шездесет и три	šezdeset i tri
siebzig	седамдесет	sedamdeset
einundsiebzig	седамдесет и један	sedamdeset i jedan
zweiundsiebzig	седамдесет и два	sedamdeset i dva
dreiundsiebzig	седамдесет и три	sedamdeset i tri
achtzig	осамдесет	osamdeset
einundachtzig	осамдесет и један	osamdeset i jedan
zweiundachtzig	осамдесет и два	osamdeset i dva
dreiundachtzig	осамдесет и три	osamdeset i tri
neunzig	деведесет	devedeset
einundneunzig	деведесет и један	devedeset i jedan
zweiundneunzig	деведесет и два	devedeset i dva
dreiundneunzig	деведесет и три	devedeset i tri

8. Grundzahlen. Teil 2

einhundert	сто	sto
zweihundert	двеста	dvesta
dreihundert	триста	trista
vierhundert	четиристо	četiristo
fünfhundert	петсто	petsto
sechshundert	шестсто	šeststo
siebenhundert	седамсто	sedamsto
achthundert	осамсто	osamsto
neunhundert	деветсто	devetsto
eintausend	хиљада	hiljada
zweitausend	две хиљаде	dve hiljade
dreitausend	три хиљаде	tri hiljade
zehntausend	десет хиљада	deset hiljada
hunderttausend	сто хиљада	sto hiljada
Million (f)	милион (м)	milion
Milliarde (f)	милијарда (ж)	milijarda

9. Ordnungszahlen

der erste	први	prvi
der zweite	други	drugi
der dritte	трећи	treći
der vierte	четврти	četvrti
der fünfte	пети	peti
der sechste	шести	šesti

der siebte	седми	sedmi
der achte	осми	osmi
der neunte	девети	deveti
der zehnte	десети	deseti

FARBEN. MASSEINHEITEN

T&P Books Publishing

10. Farben

Farbe (f)	боја (ж)	boja
Schattierung (f)	нијанса (ж)	nijansa
Farbton (m)	тон (м)	ton
Regenbogen (m)	дуга (ж)	duga
weiß	бео	beo
schwarz	црн	crn
grau	сив	siv
grün	зелен	zelen
gelb	жут	žut
rot	црвен	crven
blau	плав	plav
hellblau	светло плав	svetlo plav
rosa	ружичаст	ružičast
orange	наранџаст	narandžast
violett	љубичаст	ljubičast
braun	браон	braon
golden	златан	zlatan
silbrig	сребрни	srebrni
beige	беж	bež
cremefarben	крем	krem
türkis	тиркизан	tirkizan
kirschrot	боја вишње	boja višnje
lila	лила	lila
himbeerrot	гримизан	grimizan
hell	светао	svetao
dunkel	таман	taman
grell	јарки	jarki
Farb- (z.B. -stifte)	обојен	obojen
Farb- (z.B. -film)	у боји	u boji
schwarz-weiß	црно-бели	crno-beli
einfarbig	једнобојан	jednobojan
bunt	разнобојан	raznobojan

11. Maßeinheiten

Gewicht (n)	тежина (ж)	težina
Länge (f)	дужина (ж)	dužina

Breite (f)	ширина (ж)	širina
Höhe (f)	висина (ж)	visina
Tiefe (f)	дубина (ж)	dubina
Volumen (n)	запремина (ж)	zapremina
Fläche (f)	површина (ж)	površina

Gramm (n)	грам (м)	gram
Milligramm (n)	милиграм (м)	miligram
Kilo (n)	килограм (м)	kilogram
Tonne (f)	тона (ж)	tona
Pfund (n)	функта (ж)	funta
Unze (f)	унца (ж)	unca

Meter (m)	метар (м)	metar
Millimeter (m)	милиметар (м)	milimetar
Zentimeter (m)	сантиметар (м)	santimetar
Kilometer (m)	километар (м)	kilometar
Meile (f)	миља (ж)	milja

Zoll (m)	палац (м)	palac
Fuß (m)	стопа (ж)	stopa
Yard (n)	јарда (ж)	jarda

Quadratmeter (m)	квадратни метар (м)	kvadratni metar
Hektar (n)	хектар (м)	hektar
Liter (m)	литар (м)	litar
Grad (m)	степен (ж)	stepen
Volt (n)	волт (м)	volt
Ampere (n)	ампер (м)	amper
Pferdestärke (f)	коњска снага (ж)	konjska snaga

Anzahl (f)	количина (ж)	količina
etwas ...	мало ...	malo ...
Hälfte (f)	половина (ж)	polovina
Dutzend (n)	туце (с)	tuce
Stück (n)	комад (м)	komad

| Größe (f) | величина (ж) | veličina |
| Maßstab (m) | размер (м) | razmer |

minimal (Adj)	минималан	minimalan
der kleinste	најмањи	najmanji
mittler, mittel-	средњи	srednji
maximal (Adj)	максималан	maksimalan
der größte	највећи	najveći

12. Behälter

| Glas (n) (Einmachglas) | тегла (ж) | tegla |
| Dose (f) (z.B. Bierdose) | лименка (ж) | limenka |

| Eimer (m) | ведро (c) | vedro |
| Fass (n), Tonne (f) | буре (c) | bure |

Waschschüssel (n)	лавор (м)	lavor
Tank (m)	резервоар (м)	rezervoar
Flachmann (m)	чутурица (ж)	čuturica
Kanister (m)	канта (ж)	kanta
Zisterne (f)	цистерна (ж)	cisterna

Kaffeebecher (m)	кригла (ж)	krigla
Tasse (f)	шоља (ж)	šolja
Untertasse (f)	тацна (ж)	tacna
Wasserglas (n)	чаша (ж)	čaša
Weinglas (n)	чаша (ж) за вино	čaša za vino
Kochtopf (m)	лонац (м)	lonac

| Flasche (f) | боца (ж), флаша (ж) | boca, flaša |
| Flaschenhals (m) | грлић (м) | grlić |

Karaffe (f)	бокал (м)	bokal
Tonkrug (m)	крчаг (м)	krčag
Gefäß (n)	суд (м)	sud
Topf (m)	лонац (м)	lonac
Vase (f)	ваза (ж)	vaza

Flakon (n)	боца, бочица (ж)	boca, bočica
Fläschchen (n)	бочица (ж)	bočica
Tube (f) (z.B. Zahnpasta)	туба (ж)	tuba

Sack (m) (~ Kartoffeln)	џак (м)	džak
Tüte (f) (z.B. Plastiktüte)	кеса (ж)	kesa
Schachtel (f) (z.B. Zigaretten~)	пакла (ж)	pakla

Karton (m) (z.B. Schuhkarton)	кутија (ж)	kutija
Kiste (f) (z.B. Bananenkiste)	сандук (м)	sanduk
Korb (m)	корпа (ж)	korpa

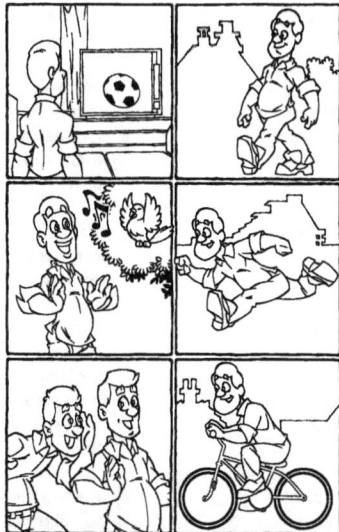

DIE WICHTIGSTEN VERBEN

T&P Books Publishing

abbiegen (nach links ~)	скренути	skrenuti
abschicken (vt)	послати	poslati
ändern (vt)	променити	promeniti
andeuten (vt)	наговестити	nagovestiti
Angst haben	плашити се, бојати се	plašiti se, bojati se
ankommen (vi)	долазити	dolaziti
antworten (vi)	одговарати	odgovarati
arbeiten (vi)	радити	raditi
auf ... zählen	рачунати на ...	računati na ...
aufbewahren (vt)	чувати	čuvati
aufschreiben (vt)	записивати	zapisivati
ausgehen (vi)	изаћи	izaći
aussprechen (vt)	изговарати	izgovarati
bedauern (vt)	жалити	žaliti
bedeuten (vt)	означавати	označavati
beenden (vt)	завршавати	završavati
befehlen (Milit.)	наређивати	naređivati
befreien (Stadt usw.)	ослободити	osloboditi
beginnen (vt)	почињати	počinjati
bemerken (vt)	запазити	zapaziti
beobachten (vt)	посматрати, гледати	posmatrati, gledati
berühren (vt)	дирати	dirati
besitzen (vt)	поседовати	posedovati
besprechen (vt)	расправљати	raspravljati
bestehen (vi)	инсистирати	insistirati
bestellen (im Restaurant)	наручити	naručiti
bestrafen (vt)	казнити	kazniti
beten (vi)	молити се	moliti se
bitten (vt)	молити	moliti
brechen (vt)	ломити	lomiti
denken (vi, vt)	мислити	misliti
drohen (vi)	претити	pretiti
Durst haben	бити жедан	biti žedan
einladen (vt)	позвати	pozvati
einstellen (vt)	прекинути	prekinuti
einwenden (vt)	приговарати	prigovarati
empfehlen (vt)	препоручивати	preporučivati
erklären (vt)	објашњавати	objašnjavati

erlauben (vt)	дозвољавати	dozvoljavati
ermorden (vt)	убити	ubiti
erwähnen (vt)	спомињати	spominjati
existieren (vi)	постојати	postojati

14. Die wichtigsten Verben. Teil 2

fallen (vi)	падати	padati
fallen lassen	испустити	ispustiti
fangen (vt)	хватати	hvatati
finden (vt)	наћи	naći
fliegen (vi)	летети	leteti

folgen (Folge mir!)	пратити	pratiti
fortsetzen (vt)	наставити	nastaviti
fragen (vt)	питати	pitati
frühstücken (vi)	доручковати	doručkovati
geben (vt)	давати	davati

gefallen (vi)	свиђати се	sviđati se
gehen (zu Fuß gehen)	ићи	ići
gehören (vi)	припадати	pripadati
graben (vt)	копати	kopati

haben (vt)	имати	imati
helfen (vi)	помагати	pomagati
herabsteigen (vi)	спуштати се	spuštati se

hereinkommen (vi)	ући	ući
hoffen (vi)	надати се	nadati se
hören (vt)	чути	čuti
hungrig sein	бити гладан	biti gladan
informieren (vt)	информисати	informisati

jagen (vi)	ловити	loviti
kennen (vt)	знати	znati
klagen (vi)	жалити се	žaliti se
können (v mod)	моћи	moći
kontrollieren (vt)	контролисати	kontrolisati

kosten (vt)	коштати	koštati
kränken (vt)	вређати	vređati
lächeln (vi)	осмехнути се	osmehnuti se
lachen (vi)	смејати се	smejati se
laufen (vi)	трчати	trčati

leiten (Betrieb usw.)	руководити	rukovoditi
lernen (vt)	студирати	studirati
lesen (vi, vt)	читати	čitati
lieben (vt)	волети	voleti

machen (vt)	радити	raditi
mieten (Haus usw.)	изнајмити	iznajmiti
nehmen (vt)	узети	uzeti
noch einmal sagen	поновити	ponoviti
nötig sein	бити потребан	biti potreban
öffnen (vt)	отворити	otvoriti

15. Die wichtigsten Verben. Teil 3

planen (vt)	планирати	planirati
prahlen (vi)	хвалисати се	hvalisati se
raten (vt)	саветовати	savetovati
rechnen (vt)	сабирати	sabirati
reservieren (vt)	резервисати	rezervisati

retten (vt)	спасити	spasiti
richtig raten (vt)	одгонетнути	odgonetnuti
rufen (um Hilfe ~)	звати	zvati
sagen (vt)	рећи	reći
schaffen (Etwas Neues zu ~)	направити	napraviti

schelten (vt)	грдити	grditi
schießen (vi)	пуцати	pucati
schmücken (vt)	украшавати	ukrašavati
schreiben (vi, vt)	писати	pisati
schreien (vi)	викати	vikati

schweigen (vi)	ћутати	ćutati
schwimmen (vi)	пливати	plivati
schwimmen gehen	купати се	kupati se
sehen (vi, vt)	видети	videti

sein (vi)	бити	biti
sich beeilen	журити се	žuriti se
sich entschuldigen	извињавати се	izvinjavati se
sich interessieren	интересовати се	interesovati se

sich irren	грешити	grešiti
sich setzen	сести	sesti
sich weigern	одбити	odbiti
spielen (vi, vt)	играти се	igrati se
sprechen (vi)	говорити	govoriti

staunen (vi)	бити изненађен	biti iznenađen
stehlen (vt)	красти	krasti
stoppen (vt)	зауставити се	zaustaviti se
suchen (vt)	тражити	tražiti
täuschen (vt)	обманути	obmanuti
teilnehmen (vi)	учествовати	učestvovati

übersetzen (Buch usw.)	преводити	prevoditi
unterschätzen (vt)	потцењивати	potcenjivati
unterschreiben (vt)	потписати	potpisati

16. Die wichtigsten Verben. Teil 4

vereinigen (vt)	уједини ти	ujediniti
vergessen (vt)	заборављати	zaboravljati
vergleichen (vt)	упоређивати	upoređivati
verkaufen (vt)	продавати	prodavati
verlangen (vt)	захтевати, тражити	zahtevati, tražiti

versäumen (vt)	пропустити	propustiti
versprechen (vt)	обећати	obećati
verstecken (vt)	крити	kriti
verstehen (vt)	разумети	razumeti
versuchen (vt)	пробати	probati

verteidigen (vt)	бранити	braniti
vertrauen (vi)	веровати	verovati
verwechseln (vt)	бркати	brkati
verzeihen (vi, vt)	опростити	oprostiti
verzeihen (vt)	опраштати	opraštati

voraussehen (vt)	предвидети	predvideti
vorschlagen (vt)	предлагати	predlagati
vorziehen (vt)	давати предност	davati prednost
wählen (vt)	бирати	birati
warnen (vt)	упозорити	upozoriti

warten (vi)	чекати	čekati
weinen (vi)	плакати	plakati
wissen (vt)	знати	znati
Witz machen	шалити се	šaliti se
wollen (vt)	хтети	hteti
zahlen (vt)	платити	platiti

zeigen (jemandem etwas)	показати	pokazati
zu Abend essen	вечерати	večerati
zu Mittag essen	ручати	ručati
zubereiten (vt)	кувати	kuvati
zustimmen (vi)	слагати се	slagati se
zweifeln (vi)	сумњати	sumnjati

T&P BOOKS

ZEIT. KALENDER

T&P Books Publishing

17. Wochentage

Montag (m)	понедељак (м)	ponedeljak
Dienstag (m)	уторак (м)	utorak
Mittwoch (m)	среда (ж)	sreda
Donnerstag (m)	четвртак (м)	četvrtak
Freitag (m)	петак (м)	petak
Samstag (m)	субота (ж)	subota
Sonntag (m)	недеља (ж)	nedelja
heute	данас	danas
morgen	сутра	sutra
übermorgen	прекосутра	prekosutra
gestern	јуче	juče
vorgestern	прекјуче	prekjuče
Tag (m)	дан (м)	dan
Arbeitstag (m)	радни дан (м)	radni dan
Feiertag (m)	празничан дан (м)	prazničan dan
freier Tag (m)	слободан дан (м)	slobodan dan
Wochenende (n)	викенд (м)	vikend
den ganzen Tag	цео дан	ceo dan
am nächsten Tag	сутрадан	sutradan
zwei Tage vorher	пре два дана	pre dva dana
am Vortag	уочи	uoči
täglich (Adj)	свакодневни	svakodnevni
täglich (Adv)	сваки дан	svaki dan
Woche (f)	недеља (ж)	nedelja
letzte Woche	прошле недеље	prošle nedelje
nächste Woche	следеће недеље	sledeće nedelje
wöchentlich (Adj)	недељни	nedeljni
wöchentlich (Adv)	недељно	nedeljno
zweimal pro Woche	два пута недељно	dva puta nedeljno
jeden Dienstag	сваког уторка	svakog utorka

18. Stunden. Tag und Nacht

Morgen (m)	јутро (с)	jutro
morgens	ујутру	ujutru
Mittag (m)	подне (с)	podne
nachmittags	поподне	popodne
Abend (m)	вече (с)	veče

abends	увече	uveče
Nacht (f)	ноћ (ж)	noć
nachts	ноћу	noću
Mitternacht (f)	поноћ (ж)	ponoć

Sekunde (f)	секунд (м)	sekund
Minute (f)	минут (м)	minut
Stunde (f)	сат (м)	sat
eine halbe Stunde	пола (ж) сата	pola sata
Viertelstunde (f)	четврт сата (ж)	četvrt sata
fünfzehn Minuten	петнаест минута	petnaest minuta
Tag und Nacht	двадесет четири сата	dvadeset četiri sata

Sonnenaufgang (m)	излазак (м) сунца	izlazak sunca
Morgendämmerung (f)	свануће (с)	svanuće
früher Morgen (m)	рано јутро (с)	rano jutro
Sonnenuntergang (m)	залазак (м) сунца	zalazak sunca

früh am Morgen	рано ујутру	rano ujutru
heute Morgen	јутрос	jutros
morgen früh	сутра ујутру	sutra ujutru

heute Mittag	овог поподнева	ovog popodneva
nachmittags	поподне	popodne
morgen Nachmittag	сутра поподне	sutra popodne

heute Abend	вечерас	večeras
morgen Abend	сутра увече	sutra uveče

Punkt drei Uhr	тачно у три сата	tačno u tri sata
gegen vier Uhr	око четири сата	oko četiri sata
um zwölf Uhr	до дванаест сати	do dvanaest sati

in zwanzig Minuten	за двадесет минута	za dvadeset minuta
in einer Stunde	за сат времена	za sat vremena
rechtzeitig (Adv)	на време	na vreme

Viertel vor …	четврт (м)	četvrt
innerhalb einer Stunde	у року од сат времена	u roku od sat vremena
alle fünfzehn Minuten	сваких петнаест минута	svakih petnaest minuta
Tag und Nacht	цео дан и ноћ	ceo dan i noć

19. Monate. Jahreszeiten

Januar (m)	јануар (м)	januar
Februar (m)	фебруар (м)	februar
März (m)	март (м)	mart
April (m)	април (м)	april
Mai (m)	мај (м)	maj
Juni (m)	јун (м), јуни (м)	jun, juni

Juli (m)	јули (м)	juli
August (m)	август (м)	avgust
September (m)	септембар (м)	septembar
Oktober (m)	октобар (м)	oktobar
November (m)	новембар (м)	novembar
Dezember (m)	децембар (м)	decembar

Frühling (m)	пролеће (с)	proleće
im Frühling	у пролеће	u proleće
Frühlings-	пролећни	prolećni

Sommer (m)	лето (с)	leto
im Sommer	лети	leti
Sommer-	летњи	letnji

Herbst (m)	јесен (ж)	jesen
im Herbst	у јесен	u jesen
Herbst-	јесењи	jesenji

Winter (m)	зима (ж)	zima
im Winter	зими	zimi
Winter-	зимски	zimski

Monat (m)	месец (м)	mesec
in diesem Monat	овог месеца	ovog meseca
nächsten Monat	следећег месеца	sledećeg meseca
letzten Monat	прошлог месеца	prošlog meseca

vor einem Monat	пре месец дана	pre mesec dana
über eine Monat	за месец дана	za mesec dana
über zwei Monaten	за два месеца	za dva meseca
einen ganzen Monat	током целог месеца	tokom celog meseca

monatlich (Adj)	месечни	mesečni
monatlich (Adv)	месечно	mesečno
jeden Monat	сваког месеца	svakog meseca
zweimal pro Monat	два пута месечно	dva puta mesečno

Jahr (n)	година (ж)	godina
dieses Jahr	ове године	ove godine
nächstes Jahr	следеће године	sledeće godine
voriges Jahr	прошла година	prošla godina

vor einem Jahr	пре годину дана	pre godinu dana
über ein Jahr	за годину дана	za godinu dana
über zwei Jahre	за две године	za dve godine
ein ganzes Jahr	током целе године	tokom cele godine

jedes Jahr	сваке године	svake godine
jährlich (Adj)	годишњи	godišnji
jährlich (Adv)	годишње	godišnje
viermal pro Jahr	четири пута годишње	četiri puta godišnje

Datum (n) (heutige ~)	**датум** (м)	datum
Datum (n) (Geburts-)	**датум** (м)	datum
Kalender (m)	**календар** (м)	kalendar
ein halbes Jahr	**пола** (ж) **године**	pola godine
Halbjahr (n)	**полугодиште** (с)	polugodište
Saison (f)	**сезона** (ж)	sezona
Jahrhundert (n)	**век** (м)	vek

T&P BOOKS

REISEN. HOTEL

T&P Books Publishing

Tourismus (m)	туризам (м)	turizam
Tourist (m)	туриста (м)	turista
Reise (f)	путовање (с)	putovanje
Abenteuer (n)	авантура (ж)	avantura
Fahrt (f)	путовање (с)	putovanje
Urlaub (m)	годишњи одмор (м)	godišnji odmor
auf Urlaub sein	бити на годишњем одмору	biti na godišnjem odmoru
Erholung (f)	одмор (м)	odmor
Zug (m)	воз (м)	voz
mit dem Zug	возом	vozom
Flugzeug (n)	авион (м)	avion
mit dem Flugzeug	авионом	avionom
mit dem Auto	колима	kolima
mit dem Schiff	бродом	brodom
Gepäck (n)	пртљаг (м)	prtljag
Koffer (m)	кофер (м)	kofer
Gepäckwagen (m)	колица (ж) за пртљаг	kolica za prtljag
Pass (m)	пасош (м)	pasoš
Visum (n)	виза (ж)	viza
Fahrkarte (f)	карта (ж)	karta
Flugticket (n)	авионска карта (ж)	avionska karta
Reiseführer (m)	водич (м)	vodič
Landkarte (f)	мапа (ж)	mapa
Gegend (f)	подручје (с)	područje
Ort (m) (wunderbarer ~)	место (с)	mesto
Exotika (pl)	егзотика (ж)	egzotika
exotisch	егзотичан	egzotičan
erstaunlich (Adj)	диван	divan
Gruppe (f)	група (ж)	grupa
Ausflug (m)	екскурзија (ж)	ekskurzija
Reiseleiter (m)	водич (м)	vodič

Hotel (n)	гостионица (ж)	gostionica
Hotel (n)	хотел (м)	hotel

Motel (n)	мотел (м)	motel
drei Sterne	три звездице	tri zvezdice
fünf Sterne	пет звездица	pet zvezdica
absteigen (vi)	одсести	odsesti

Hotelzimmer (n)	соба (ж)	soba
Einzelzimmer (n)	једнокреветна соба (ж)	jednokrevetna soba
Zweibettzimmer (n)	двокреветна соба (ж)	dvokrevetna soba
reservieren (vt)	резервисати собу	rezervisati sobu

| Halbpension (f) | полупансион (м) | polupansion |
| Vollpension (f) | пун пансион (м) | pun pansion |

mit Bad	са купатилом	sa kupatilom
mit Dusche	са тушем	sa tušem
Satellitenfernsehen (n)	сателитска телевизија (ж)	satelitska televizija
Klimaanlage (f)	клима (ж)	klima
Handtuch (n)	пешкир (м)	peškir
Schlüssel (m)	кључ (м)	ključ

Verwalter (m)	администратор (м)	administrator
Zimmermädchen (n)	собарица (ж)	sobarica
Träger (m)	носач (м)	nosač
Portier (m)	портир (м)	portir

Restaurant (n)	ресторан (м)	restoran
Bar (f)	бар (м)	bar
Frühstück (n)	доручак (м)	doručak
Abendessen (n)	вечера (ж)	večera
Buffet (n)	шведски сто (м)	švedski sto

| Foyer (n) | фоаје (м) | foaje |
| Aufzug (m), Fahrstuhl (m) | лифт (м) | lift |

| BITTE NICHT STÖREN! | НЕ УЗНЕМИРАВАТИ | NE UZNEMIRAVATI |
| RAUCHEN VERBOTEN! | ЗАБРАЊЕНО ПУШЕЊЕ | ZABRANJENO PUŠENJE |

22. Sehenswürdigkeiten

Denkmal (n)	споменик (м)	spomenik
Festung (f)	тврђава (ж)	tvrđava
Palast (m)	палата (ж), дворац (м)	palata, dvorac
Schloss (n)	замак (м)	zamak
Turm (m)	кула (ж)	kula
Mausoleum (n)	маузолеј (м)	mauzolej

Architektur (f)	архитектура (ж)	arhitektura
mittelalterlich	средњовекован	srednjovekovan
alt (antik)	старински	starinski

| national | народан | narodan |
| berühmt | чувен | čuven |

Tourist (m)	туриста (м)	turista
Fremdenführer (m)	водич (м)	vodič
Ausflug (m)	екскурзија (ж)	ekskurzija
zeigen (vt)	показивати	pokazivati
erzählen (vt)	рећи	reći

finden (vt)	наћи	naći
sich verlieren	изгубити се	izgubiti se
Karte (f) (U-Bahn ~)	мапа (ж)	mapa
Karte (f) (Stadt-)	мапа (ж)	mapa

Souvenir (n)	сувенир (м)	suvenir
Souvenirladen (m)	продавница (ж) сувенира	prodavnica suvenira
fotografieren (vt)	сликати	slikati
sich fotografieren	сликати се	slikati se

T&P BOOKS

TRANSPORT

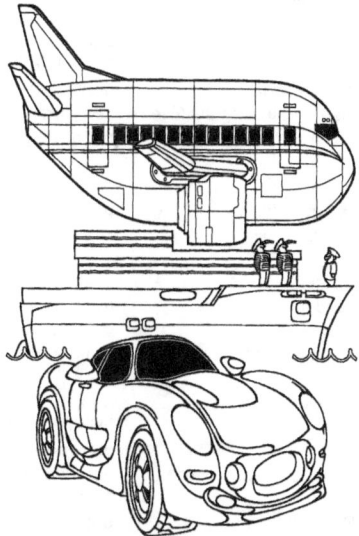

T&P Books Publishing

23. Flughafen

Flughafen (m)	аеродром (м)	aerodrom
Flugzeug (n)	авион (м)	avion
Fluggesellschaft (f)	авио-компанија (ж)	avio-kompanija
Fluglotse (m)	контролор (м) лета	kontrolor leta
Abflug (m)	полазак (м)	polazak
Ankunft (f)	долазак (м)	dolazak
anfliegen (vi)	долетети	doleteti
Abflugzeit (f)	време (с) поласка	vreme polaska
Ankunftszeit (f)	време (с) доласка	vreme dolaska
sich verspäten	каснити	kasniti
Abflugverspätung (f)	кашњење (с) лета	kašnjenje leta
Anzeigetafel (f)	информативна табла (ж)	informativna tabla
Information (f)	информација (ж)	informacija
anzeigen (vt)	објавити	objaviti
Flug (m)	лет (м)	let
Zollamt (n)	царина (ж)	carina
Zollbeamter (m)	цариник (м)	carinar
Zolldeklaration (f)	царинска декларација (ж)	carinska deklaracija
ausfüllen (vt)	попунити	popuniti
die Zollerklärung ausfüllen	попунити декларацију	popuniti deklaraciju
Passkontrolle (f)	пасошна контрола (ж)	pasošna kontrola
Gepäck (n)	пртљаг (м)	prtljag
Handgepäck (n)	ручни пртљаг (м)	ručni prtljag
Kofferkuli (m)	колица (ж) за пртљаг	kolica za prtljag
Landung (f)	слетање (с)	sletanje
Landebahn (f)	писта (ж) за слетање	pista za sletanje
landen (vi)	спуштати се	spuštati se
Fluggasttreppe (f)	степенице (ж мн)	stepenice
Check-in (n)	пријављивање, чекирање (с)	prijavljivanje, čekiranje
Check-in-Schalter (m)	шалтер (м) за чекирање	šalter za čekiranje
sich registrieren lassen	пријавити се, чекирати се	prijaviti se, čekirati se
Bordkarte (f)	бординг карта (ж)	bording karta

Abfluggate (n)	излаз (м) за укрцавање	izlaz za ukrcavanje
Transit (m)	транзит (м)	tranzit
warten (vi)	чекати	čekati
Wartesaal (m)	чекаоница (ж)	čekaonica
begleiten (vt)	испраћати	ispraćati
sich verabschieden	опраштати се	opraštati se

24. Flugzeug

Flugzeug (n)	авион (м)	avion
Flugticket (n)	авионска карта (ж)	avionska karta
Fluggesellschaft (f)	авио-компанија (ж)	avio-kompanija
Flughafen (m)	аеродром (м)	aerodrom
Überschall-	суперсоничан	supersoničan
Flugkapitän (m)	командир (м)	komandir
Besatzung (f)	посада (ж)	posada
Pilot (m)	пилот (м)	pilot
Flugbegleiterin (f)	стјуардеса (ж)	stjuardesa
Steuermann (m)	навигатор (м)	navigator
Flügel (pl)	крила (с мн)	krila
Schwanz (m)	реп (м)	rep
Kabine (f)	кабина (ж)	kabina
Motor (m)	мотор (м)	motor
Fahrgestell (n)	шасија (ж)	šasija
Turbine (f)	турбина (ж)	turbina
Propeller (m)	пропелер (м)	propeler
Flugschreiber (m)	црна кутија (ж)	crna kutija
Steuerrad (n)	управљач (м)	upravljač
Treibstoff (m)	гориво (с)	gorivo
Sicherheitskarte (f)	упутство (с) за безбедност	uputstvo za bezbednost
Sauerstoffmaske (f)	маска (ж) за кисеоник	maska za kiseonik
Uniform (f)	униформа (ж)	uniforma
Rettungsweste (f)	прслук (м) за спасавање	prsluk za spasavanje
Fallschirm (m)	падобран (м)	padobran
Abflug, Start (m)	полетање (с)	poletanje
aufsteigen, starten (vi)	полетети	poleteti
Startbahn (f)	писта (ж)	pista
Sicht (f)	видљивост (ж)	vidljivost
Flug (m)	лет (м)	let
Höhe (f)	висина (ж)	visina
Luftloch (n)	ваздушни џеп (м)	vazdušni džep
Platz (m)	седиште (с)	sedište
Kopfhörer (m)	слушалице (ж мн)	slušalice

Klapptisch (m)	сточић (м) на расклапање	stočić na rasklapanje
Bullauge (n)	прозор (м)	prozor
Durchgang (m)	пролаз (м)	prolaz

25. Zug

Zug (m)	воз (м)	voz
elektrischer Zug (m)	електрични воз (м)	električni voz
Schnellzug (m)	брзи воз (м)	brzi voz
Diesellok (f)	дизел локомотива (ж)	dizel lokomotiva
Dampflok (f)	парна локомотива (ж)	parna lokomotiva
Personenwagen (m)	вагон (м)	vagon
Speisewagen (m)	кола (ж) за ручавање	kola za ručavanje
Schienen (pl)	шине (ж мн)	šine
Eisenbahn (f)	железница (ж)	železnica
Bahnschwelle (f)	праг (м)	prag
Bahnsteig (m)	перон (м)	peron
Gleis (n)	колосек (м)	kolosek
Eisenbahnsignal (n)	семафор (м)	semafor
Station (f)	станица (ж)	stanica
Lokomotivführer (m)	машиновођа (м)	mašinovođa
Träger (m)	носач (м)	nosač
Schaffner (m)	послужитељ (м) у возу	poslužitelj u vozu
Fahrgast (m)	путник (м)	putnik
Fahrkartenkontrolleur (m)	контролор (м)	kontrolor
Flur (m)	ходник (м)	hodnik
Notbremse (f)	кочница (ж) за случај опасности	kočnica za slučaj opasnosti
Abteil (n)	кабина (ж)	kabina
Liegeplatz (m), Schlafkoje (f)	лежај (м)	ležaj
oberer Liegeplatz (m)	горњи лежај (м)	gornji ležaj
unterer Liegeplatz (m)	доњи лежај (м)	donji ležaj
Bettwäsche (f)	постељина (ж)	posteljina
Fahrkarte (f)	карта (ж)	karta
Fahrplan (m)	ред (м) вожње	red vožnjo
Anzeigetafel (f)	табла (ж) за информације	tabla za informacije
abfahren (vi) (der Zug)	одлазити	odlaziti
Abfahrt (f)	полазак (м)	polazak
ankommen (vi) (der Zug)	долазити	dolaziti
Ankunft (f)	долазак (м)	dolazak

mit dem Zug kommen	стићи возом	stići vozom
in den Zug einsteigen	сести у воз	sesti u voz
aus dem Zug aussteigen	сићи с воза	sići s voza

Zugunglück (n)	железничка несрећа (ж)	železnička nesreća
entgleisen (vi)	исклизнути из шина	iskliznuti iz šina
Dampflok (f)	парна локомотива (ж)	parna lokomotiva
Heizer (m)	ложач (м)	ložač
Feuerbuchse (f)	ложиште (с)	ložište
Kohle (f)	угаљ (м)	ugalj

26. Schiff

| Schiff (n) | брод (м) | brod |
| Fahrzeug (n) | пловило (с) | plovilo |

Dampfer (m)	пароброд (м)	parobrod
Motorschiff (n)	речни чамац (м)	rečni čamac
Kreuzfahrtschiff (n)	брод (м) за крстарење	brod za krstarenje
Kreuzer (m)	крстарица (ж)	krstarica

Jacht (f)	јахта (ж)	jahta
Schlepper (m)	тегљач (м)	tegljač
Lastkahn (m)	шлеп (м)	šlep
Fähre (f)	трајект (м)	trajekt

| Segelschiff (n) | једрењак (м) | jedrenjak |
| Brigantine (f) | бригантина (ж) | brigantina |

| Eisbrecher (m) | ледоломац (м) | ledolomac |
| U-Boot (n) | подморница (ж) | podmornica |

Boot (n)	чамац (м)	čamac
Dingi (n), Beiboot (n)	чамчић (м)	čamčić
Rettungsboot (n)	чамац (м) за спасавање	čamac za spasavanje
Motorboot (n)	моторни чамац (м)	motorni čamac

Kapitän (m)	капетан (м)	kapetan
Matrose (m)	морнар (м)	mornar
Seemann (m)	поморац (м)	pomorac
Besatzung (f)	посада (ж)	posada

Bootsmann (m)	боцман (м)	bocman
Schiffsjunge (m)	бродски момак (м)	brodski momak
Schiffskoch (m)	кувар (м)	kuvar
Schiffsarzt (m)	бродски лекар (м)	brodski lekar

Deck (n)	палуба (ж)	paluba
Mast (m)	јарбол (м)	jarbol
Segel (n)	једро (с)	jedro

Schiffsraum (m)	потпалубље (c)	potpalublje
Bug (m)	прамац (м)	pramac
Heck (n)	крма (ж)	krma
Ruder (n)	весло (c)	veslo
Schraube (f)	бродски пропелер (м)	brodski propeler

Kajüte (f)	кабина (ж)	kabina
Messe (f)	официрска менза (ж)	oficirska menza
Maschinenraum (m)	стројарница (ж)	strojarnica
Kommandobrücke (f)	капетански мост (м)	kapetanski most
Funkraum (m)	радио кабина (ж)	radio kabina
Radiowelle (f)	талас (м)	talas
Schiffstagebuch (n)	бродски дневник (м)	brodski dnevnik

Fernrohr (n)	дурбин (м)	durbin
Glocke (f)	звоно (c)	zvono
Fahne (f)	застава (ж)	zastava

| Seil (n) | конопац (м) | konopac |
| Knoten (m) | чвор (м) | čvor |

| Geländer (n) | ограда (ж) | ograda |
| Treppe (f) | степениште (c мн) | stepenište |

Anker (m)	сидро (c)	sidro
den Anker lichten	дићи сидро	dići sidro
Anker werfen	спустити сидро	spustiti sidro
Ankerkette (f)	ланац (м) за сидро	lanac za sidro

Hafen (m)	лука (ж)	luka
Anlegestelle (f)	пристаниште (c)	pristanište
anlegen (vi)	усидрити се	usidriti se
abstoßen (vt)	отиснути се	otisnuti se

Reise (f)	путовање (c)	putovanje
Kreuzfahrt (f)	крстарење (c)	krstarenje
Kurs (m), Richtung (f)	правац (м)	pravac
Reiseroute (f)	маршрута (ж)	maršruta

Fahrwasser (n)	пловни пут (м)	plovni put
Untiefe (f)	плићаци (м мн)	plićaci
stranden (vi)	насукати се	nasukati se

Sturm (m)	олуја (ж)	oluja
Signal (n)	сигнал (м)	signal
untergehen (vi)	тонути	tonuti
Mann über Bord!	Човек у мору!	Čovek u moru!
SOS	СОС	SOS
Rettungsring (m)	појас (м) за спасавање	pojas za spasavanje

T&P BOOKS

STADT

T&P Books Publishing

Bus (m)	аутобус (м)	autobus
Straßenbahn (f)	трамвај (м)	tramvaj
Obus (m)	тролејбус (м)	trolejbus
Linie (f)	маршрута (ж)	maršruta
Nummer (f)	број (м)	broj

mit … fahren	ићи …, возити се …	ići …, voziti se …
einsteigen (vi)	ући у …	ući u …
aussteigen (aus dem Bus)	сићи, изаћи из …	sići, izaći iz …

Haltestelle (f)	станица (ж)	stanica
nächste Haltestelle (f)	следећа станица (ж)	sledeća stanica
Endhaltestelle (f)	последња станица (ж)	poslednja stanica
Fahrplan (m)	ред (м) вожње	red vožnje
warten (vi, vt)	чекати	čekati

Fahrkarte (f)	карта (ж)	karta
Fahrpreis (m)	цена (ж) вожње	cena vožnje

Kassierer (m)	благајник (м)	blagajnik
Fahrkartenkontrolle (f)	контрола (ж) карата	kontrola karata
Fahrkartenkontrolleur (m)	контролор (м)	kontrolor

sich verspäten	каснити	kasniti
versäumen (Zug usw.)	пропустити	propustiti
sich beeilen	журити	žuriti

Taxi (n)	такси (м)	taksi
Taxifahrer (m)	таксиста (м)	taksista
mit dem Taxi	таксијем	taksijem
Taxistand (m)	такси-станица (ж)	taksi-stanica
ein Taxi bestellen	позвати такси	pozvati taksi
ein Taxi nehmen	узети такси	uzeti taksi

Straßenverkehr (m)	саобраћај (м)	saobraćaj
Stau (m)	застој (м) саобраћаја	zastoj saobraćaja
Hauptverkehrszeit (f)	шпиц (м)	špic
parken (vi)	паркирати се	parkirati se
parken (vt)	паркирати	parkirati
Parkplatz (m)	паркинг (м)	parking

U-Bahn (f)	метро (м)	metro
Station (f)	станица (ж)	stanica
mit der U-Bahn fahren	ићи метроом	ići metroom

| Zug (m) | воз (м) | voz |
| Bahnhof (m) | железничка станица (ж) | železnička stanica |

28. Stadt. Leben in der Stadt

Stadt (f)	град (м)	grad
Hauptstadt (f)	главни град (м)	glavni grad
Dorf (n)	село (с)	selo

Stadtplan (m)	план (м) града	plan grada
Stadtzentrum (n)	центар (м) града	centar grada
Vorort (m)	предграђе (с)	predgrađe
Vorort-	предградски	predgradski

Stadtrand (m)	предграђе (с)	predgrađe
Umgebung (f)	околине (ж мн)	okoline
Stadtviertel (n)	кварт (м)	kvart
Wohnblock (m)	стамбени кварт (м)	stambeni kvart

Straßenverkehr (m)	саобраћај (м)	saobraćaj
Ampel (f)	семафор (м)	semafor
Stadtverkehr (m)	градски превоз (м)	gradski prevoz
Straßenkreuzung (f)	раскрсница (ж)	raskrsnica

Übergang (m)	пешачки прелаз (м)	pešački prelaz
Fußgängerunterführung (f)	подземни пролаз (м)	podzemni prolaz
überqueren (vt)	прелазити	prelaziti
Fußgänger (m)	пешак (м)	pešak
Gehweg (m)	тротоар (м)	trotoar

Brücke (f)	мост (м)	most
Kai (m)	кеј (м)	kej
Springbrunnen (m)	водоскок (м)	vodoskok

Allee (f)	алеја (ж)	aleja
Park (m)	парк (м)	park
Boulevard (m)	булевар (м)	bulevar
Platz (m)	трг (м)	trg
Prospekt (m)	авенија (ж)	avenija
Straße (f)	улица (ж)	ulica
Gasse (f)	сокак (м)	sokak
Sackgasse (f)	ћорсокак (м)	ćorsokak

Haus (n)	кућа (ж)	kuća
Gebäude (n)	зграда (ж)	zgrada
Wolkenkratzer (m)	небодер (м)	neboder

Fassade (f)	фасада (с)	fasada
Dach (n)	кров (м)	krov
Fenster (n)	прозор (м)	prozor

Bogen (m)	лук (м)	luk
Säule (f)	колона (ж)	kolona
Ecke (f)	угао (м)	ugao

Schaufenster (n)	излог (м)	izlog
Schild (n) (Aushänge-)	натпис (м)	natpis
Anschlag (m)	плакат (м)	plakat
Werbeposter (m)	рекламни плакат (м)	reklamni plakat
Werbeschild (n)	билборд (м)	bilbord

Müll (m)	ђубре (c)	đubre
Mülleimer (m)	канта (ж) за ђубре	kanta za đubre
Abfall wegwerfen	бацати ђубре	bacati đubre
Mülldeponie (f)	депонија (ж)	deponija

Telefonzelle (f)	телефонска говорница (ж)	telefonska govornica
Straßenlaterne (f)	стуб (м)	stub
Bank (f) (Park-)	клупа (ж)	klupa

Polizist (m)	полицајац (м)	policajac
Polizei (f)	полиција (ж)	policija
Bettler (m)	просјак (м)	prosjak
Obdachlose (m)	бескућник (м)	beskućnik

29. Innerstädtische Einrichtungen

Laden (m)	продавница (ж)	prodavnica
Apotheke (f)	апотека (ж)	apoteka
Optik (f)	оптика (ж)	optika
Einkaufszentrum (n)	тржни центар (м)	tržni centar
Supermarkt (m)	супермаркет (м)	supermarket

Bäckerei (f)	пекара (ж)	pekara
Bäcker (m)	пекар (м)	pekar
Konditorei (f)	посластичарница (ж)	poslastičarnica
Lebensmittelladen (m)	бакалница (ж)	bakalnica
Metzgerei (f)	касапница (ж)	kasapnica

| Gemüseladen (m) | пиљарница (ж) | piljarnica |
| Markt (m) | пијаца (ж) | pijaca |

Kaffeehaus (n)	кафана (ж)	kafana
Restaurant (n)	ресторан (м)	restoran
Bierstube (f)	пивница (ж)	pivnica
Pizzeria (f)	пицерија (ж)	picerija

Friseursalon (m)	фризерски салон (м)	frizerski salon
Post (f)	пошта (ж)	pošta
chemische Reinigung (f)	хемијско чишћење (c)	hemijsko čišćenje

Fotostudio (n)	фотографска радња (ж)	fotografska radnja
Schuhgeschäft (n)	продавница (ж) обуће	prodavnica obuće
Buchhandlung (f)	књижара (ж)	knjižara
Sportgeschäft (n)	продавница (ж) спортске опреме	prodavnica sportske opreme

Kleiderreparatur (f)	кројачка (ж) радња	krojačka radnja
Bekleidungsverleih (m)	изнајмљивање (с) одела	iznajmljivanje odela
Videothek (f)	видео клуб (м)	video klub

Zirkus (m)	циркус (м)	cirkus
Zoo (m)	зоолошки врт (м)	zoološki vrt
Kino (n)	биоскоп (м)	bioskop
Museum (n)	музеј (м)	muzej
Bibliothek (f)	библиотека (ж)	biblioteka
Theater (n)	позориште (с)	pozorište
Opernhaus (n)	опера (ж)	opera
Nachtklub (m)	ноћни клуб (м)	noćni klub
Kasino (n)	казино (м)	kazino

Moschee (f)	џамија (ж)	džamija
Synagoge (f)	синагога (ж)	sinagoga
Kathedrale (f)	катедрала (ж)	katedrala
Tempel (m)	храм (м)	hram
Kirche (f)	црква (ж)	crkva

Institut (n)	институт (м)	institut
Universität (f)	универзитет (м)	univerzitet
Schule (f)	школа (ж)	škola

Präfektur (f)	управа (ж)	uprava
Rathaus (n)	градска кућа (ж)	gradska kuća
Hotel (n)	хотел (м)	hotel
Bank (f)	банка (ж)	banka

Botschaft (f)	амбасада (ж)	ambasada
Reisebüro (n)	туристичка агенција (ж)	turistička agencija
Informationsbüro (n)	биро (м) за информације	biro za informacije
Wechselstube (f)	мењачица (ж)	menjačica

U-Bahn (f)	метро (с)	metro
Krankenhaus (n)	болница (ж)	bolnica
Tankstelle (f)	бензинска станица (ж)	benzinska stanica
Parkplatz (m)	паркинг (м)	parking

30. Schilder

| Schild (n) | натпис (м) | natpis |
| Aufschrift (f) | натпис (м), обавештење (с) | natpis, obaveštenje |

Plakat (n)	плакат (м)	plakat
Wegweiser (m)	путоказ (м)	putokaz
Pfeil (m)	стрелица (ж)	strelica
Vorsicht (f)	упозорење (с)	upozorenje
Warnung (f)	знак (м) упозорења	znak upozorenja
warnen (vt)	упозорити	upozoriti
freier Tag (m)	нерадни дан (м)	neradni dan
Plan (m)	распоред (м)	raspored
Öffnungszeiten (pl)	радно време (с)	radno vreme
HERZLICH WILLKOMMEN!	ДОБРО ДОШЛИ!	DOBRO DOŠLI!
EINGANG	УЛАЗ	ULAZ
AUSGANG	ИЗЛАЗ	IZLAZ
DRÜCKEN	ГУРНИ	GURNI
ZIEHEN	ВУЦИ	VUCI
GEÖFFNET	ОТВОРЕНО	OTVORENO
GESCHLOSSEN	ЗАТВОРЕНО	ZATVORENO
DAMEN, FRAUEN	ЖЕНЕ	ŽENE
HERREN, MÄNNER	МУШКАРЦИ	MUŠKARCI
AUSVERKAUF	ПОПУСТИ	POPUSTI
REDUZIERT	РАСПРОДАЈА	RASPRODAJA
NEU!	НОВО!	NOVO!
GRATIS	БЕСПЛАТНО	BESPLATNO
ACHTUNG!	ПАЖЊА!	PAŽNJA!
ZIMMER BELEGT	НЕМА СЛОБОДНИХ СОБА	NEMA SLOBODNIH SOBA
RESERVIERT	РЕЗЕРВИСАНО	REZERVISANO
VERWALTUNG	КАНЦЕЛАРИЈЕ	KANCELARIJE
NUR FÜR PERSONAL	САМО ЗА ОСОБЉЕ	SAMO ZA OSOBLJE
VORSICHT BISSIGER HUND	ЧУВАЈ СЕ ПСА	ČUVAJ SE PSA
RAUCHEN VERBOTEN!	ЗАБРАЊЕНО ПУШЕЊЕ	ZABRANJENO PUŠENJE
BITTE NICHT BERÜHREN	НЕ ДИРАЈ!	NE DIRAJ!
GEFÄHRLICH	ОПАСНО	OPASNO
VORSICHT!	ОПАСНОСТ	OPASNOST
HOCHSPANNUNG	ВИСОКИ НАПОН	VISOKI NAPON
BADEN VERBOTEN	ЗАБРАЊЕНО КУПАЊЕ	ZABRANJENO KUPANJE
AUßER BETRIEB	НЕ РАДИ	NE RADI
LEICHTENTZÜNDLICH	ЗАПАЉИВО	ZAPALJIVO
VERBOTEN	ЗАБРАЊЕНО	ZABRANJENO

DURCHGANG VERBOTEN	ПРОЛАЗ ЗАБРАЊЕН!	PROLAZ ZABRANJEN!
FRISCH GESTRICHEN	СВЕЖЕ ОФАРБАНО	SVEŽE OFARBANO

31. Shopping

kaufen (vt)	куповати	kupovati
Einkauf (m)	куповина (ж)	kupovina
einkaufen gehen	ићи у куповину	ići u kupovinu
Einkaufen (n)	куповина (ж)	kupovina

offen sein (Laden)	бити отворен	biti otvoren
zu sein	бити затворен	biti zatvoren

Schuhe (pl)	обућа (ж)	obuća
Kleidung (f)	одећа (ж)	odeća
Kosmetik (f)	козметика (ж)	kozmetika
Lebensmittel (pl)	намирнице (ж мн)	namirnice
Geschenk (n)	поклон (м)	poklon

Verkäufer (m)	продавац (м)	prodavac
Verkäuferin (f)	продавачица (ж)	prodavačica

Kasse (f)	благајна (ж)	blagajna
Spiegel (m)	огледало (с)	ogledalo
Ladentisch (m)	тезга (ж)	tezga
Umkleidekabine (f)	кабина (ж) за пробавање	kabina za probavanje

anprobieren (vt)	пробати	probati
passen (Schuhe, Kleid)	пристајати	pristajati
gefallen (vi)	свиђати се	sviđati se

Preis (m)	цена (ж)	cena
Preisschild (n)	ценовник (м)	cenovnik
kosten (vt)	коштати	koštati
Wie viel?	Колико?	Koliko?
Rabatt (m)	попуст (м)	popust

preiswert	није скуп	nije skup
billig	јефтин	jeftin
teuer	скуп	skup
Das ist teuer	То је скупо	To je skupo

Verleih (m)	изнајмљивање (с)	iznajmljivanje
leihen, mieten (ein Auto usw.)	изнајмити	iznajmiti
Kredit (m), Darlehen (n)	кредит (м)	kredit
auf Kredit	на кредит	na kredit

T&P BOOKS

KLEIDUNG & ACCESSOIRES

T&P Books Publishing

Kleidung (f)	одећа (ж)	odeća
Oberkleidung (f)	горња одећа (ж)	gornja odeća
Winterkleidung (f)	зимска одећа (ж)	zimska odeća

Mantel (m)	капут (м)	kaput
Pelzmantel (m)	бунда (ж)	bunda
Pelzjacke (f)	кратка бунда (ж)	kratka bunda
Daunenjacke (f)	перјана јакна (ж)	perjana jakna

Jacke (f) (z.B. Lederjacke)	јакна (ж)	jakna
Regenmantel (m)	кишни мантил (м)	kišni mantil
wasserdicht	водоотпоран	vodootporan

Hemd (n)	кошуља (ж)	košulja
Hose (f)	панталоне (ж мн)	pantalone
Jeans (pl)	фармерке (ж мн)	farmerke
Jackett (n)	сако (м)	sako
Anzug (m)	одело (с)	odelo

Damenkleid (n)	хаљина (ж)	haljina
Rock (m)	сукња (ж)	suknja
Bluse (f)	блуза (ж)	bluza
Strickjacke (f)	џемпер (м)	džemper
Jacke (f) (Damen Kostüm)	жакет (м)	žaket

T-Shirt (n)	мајица (ж)	majica
Shorts (pl)	шортс (м)	šorts
Sportanzug (m)	спортски костим (м)	sportski kostim
Bademantel (m)	баде мантил (м)	bade mantil
Schlafanzug (m)	пиџама (ж)	pidžama

| Sweater (m) | џемпер (м) | džemper |
| Pullover (m) | пуловер (м) | pulover |

Weste (f)	прслук (м)	prsluk
Frack (m)	фрак (м)	frak
Smoking (m)	смокинг (м)	smoking

| Uniform (f) | униформа (ж) | uniforma |
| Arbeitskleidung (f) | радно одело (с) | radno odelo |

| Overall (m) | комбинезон (м) | kombinezon |
| Kittel (m) (z.B. Arztkittel) | мантил (м) | mantil |

34. Kleidung. Unterwäsche

Unterwäsche (f)	доње рубље (c)	donje rublje
Herrenslip (m)	боксерице (ж мн)	bokserice
Damenslip (m)	гаћице (ж мн)	gaćice
Unterhemd (n)	мајица (ж)	majica
Socken (pl)	чарапе (ж мн)	čarape

Nachthemd (n)	спаваћица (ж)	spavaćica
Büstenhalter (m)	грудњак (м)	grudnjak
Kniestrümpfe (pl)	доколенице (ж мн)	dokolenice
Strumpfhose (f)	грилонке (ж мн)	grilonke
Strümpfe (pl)	хулахопке (ж мн)	hulahopke
Badeanzug (m)	купаћи костим (м)	kupaći kostim

35. Kopfbekleidung

Mütze (f)	капа (ж)	kapa
Filzhut (m)	шешир (м)	šešir
Baseballkappe (f)	качкет (м)	kačket
Schiebermütze (f)	енглеска капа (ж)	engleska kapa

Baskenmütze (f)	беретка (ж)	beretka
Kapuze (f)	капуљача (ж)	kapuljača
Panamahut (m)	панама-шешир (м)	panama-šešir
Strickmütze (f)	плетена капа (ж)	pletena kapa

| Kopftuch (n) | марама (ж) | marama |
| Damenhut (m) | женски шешир (м) | ženski šešir |

Schutzhelm (m)	кацига (ж)	kaciga
Feldmütze (f)	војничка капа, титовка (ж)	vojnička kapa, titovka
Helm (m) (z.B. Motorradhelm)	шлем (м)	šlem

| Melone (f) | полуцилиндар (м) | policilindar |
| Zylinder (m) | цилиндар (м) | cilindar |

36. Schuhwerk

| Schuhe (pl) | обућа (ж) | obuća |
| Stiefeletten (pl) | ципеле (ж мн) | cipele |

Halbschuhe (pl)	ципеле (ж мн)	cipele
Stiefel (pl)	чизме (ж мн)	čizme
Hausschuhe (pl)	папуче (ж мн)	papuče

Tennisschuhe (pl)	патике (ж мн)	patike
Leinenschuhe (pl)	старке (ж мн)	starke
Sandalen (pl)	сандале (ж мн)	sandale

Schuster (m)	обућар (м)	obućar
Absatz (m)	потпетица (ж)	potpetica
Paar (n)	пар (м)	par

| Schnürsenkel (m) | пертла (ж) | pertla |
| schnüren (vt) | шнирати | šnirati |

| Schuhlöffel (m) | кашика (ж) за ципеле | kašika za cipele |
| Schuhcreme (f) | крема (ж) за обућу | krema za obuću |

37. Persönliche Accessoires

Handschuhe (pl)	рукавице (ж мн)	rukavice
Fausthandschuhe (pl)	рукавице (ж мн)	rukavice
Schal (m) (Kaschmir-)	шал (м)	šal

Brille (f)	наочари (м мн)	naočari
Brillengestell (n)	оквир (м)	okvir
Regenschirm (m)	кишобран (м)	kišobran
Spazierstock (m)	штап (м)	štap

| Haarbürste (f) | четка (ж) за косу | četka za kosu |
| Fächer (m) | лепеза (ж) | lepeza |

| Krawatte (f) | кравата (ж) | kravata |
| Fliege (f) | лептир-машна (ж) | leptir-mašna |

| Hosenträger (pl) | трегери (мн) | tregeri |
| Taschentuch (n) | џепна марамица (ж) | džepna maramica |

| Kamm (m) | чешаљ (м) | češalj |
| Haarspange (f) | шнала (ж) | šnala |

| Haarnadel (f) | укосница (ж) | ukosnica |
| Schnalle (f) | копча (ж) | kopča |

| Gürtel (m) | пас (м) | pas |
| Umhängegurt (m) | каиш (м) | kaiš |

Tasche (f)	торба (ж)	torba
Handtasche (f)	ташна (ж)	tašna
Rucksack (m)	ранац (м)	ranac

38. Kleidung. Verschiedenes

Mode (f)	мода (ж)	moda
modisch	модеран	moderan
Modedesigner (m)	модни креатор (м)	modni kreator

Kragen (m)	оковратник (м)	okovratnik
Tasche (f)	џеп (м)	džep
Taschen-	џепни	džepni
Ärmel (m)	рукав (м)	rukav
Aufhänger (m)	вешалица (ж)	vešalica
Hosenschlitz (m)	шлиц (м)	šlic

Reißverschluss (m)	рајсфешлус (м)	rajsfešlus
Verschluss (m)	копча (ж)	kopča
Knopf (m)	дугме (с)	dugme
Knopfloch (n)	рупица (ж)	rupica
abgehen (vi) (Knopf usw.)	откинути се	otkinuti se

nähen (vi, vt)	шити	šiti
sticken (vt)	вести	vesti
Stickerei (f)	вез (м)	vez
Nadel (f)	игла (ж)	igla
Faden (m)	конац (м)	konac
Naht (f)	шав (м)	šav

sich beschmutzen	искаљати се	iskaljati se
Fleck (m)	мрља (ж)	mrlja
sich knittern	изгужвати се	izgužvati se
zerreißen (vt)	поцепати	pocepati
Motte (f)	мољац (м)	moljac

39. Kosmetikartikel. Kosmetik

Zahnpasta (f)	паста (ж) за зубе	pasta za zube
Zahnbürste (f)	четкица (ж) за зубе	četkica za zube
Zähne putzen	прати зубе	prati zube

Rasierer (m)	бријач (м)	brijač
Rasiercreme (f)	крема (ж) за бријање	krema za brijanje
sich rasieren	бријати се	brijati se

Seife (f)	сапун (м)	sapun
Shampoo (n)	шампон (м)	šampon

Schere (f)	маказе (мн)	makaze
Nagelfeile (f)	турпијица (ж) за нокте	turpijica za nokte
Nagelzange (f)	грицкалица (ж) за нокте	grickalica za nokte
Pinzette (f)	пинцета (ж)	pinceta

Kosmetik (f)	козметика (ж)	kozmetika
Gesichtsmaske (f)	маска (ж) за лице	maska za lice
Maniküre (f)	маникир (м)	manikir
Maniküre machen	маникирати	manikirati
Pediküre (f)	педикир (м)	pedikir

Kosmetiktasche (f)	несесер (м)	neseser
Puder (m)	пудер (м)	puder
Puderdose (f)	пудријера (ж)	pudrijera
Rouge (n)	руменило (с)	rumenilo

Parfüm (n)	парфем (м)	parfem
Duftwasser (n)	тоалетна вода (ж)	toaletna voda
Lotion (f)	лосион (м)	losion
Kölnischwasser (n)	колоњска вода (ж)	kolonjska voda

Lidschatten (m)	сенка (ж) за очи	senka za oči
Kajalstift (m)	оловка (ж) за очи	olovka za oči
Wimperntusche (f)	маскара (ж)	maskara

Lippenstift (m)	кармин (м)	karmin
Nagellack (m)	лак (м) за нокте	lak za nokte
Haarlack (m)	лак (м) за косу	lak za kosu
Deodorant (n)	дезодоранс (м)	dezodorans

Creme (f)	крема (ж)	krema
Gesichtscreme (f)	крема (ж) за лице	krema za lice
Handcreme (f)	крема (ж) за руке	krema za ruke
Anti-Falten-Creme (f)	крема (ж) против бора	krema protiv bora
Tagescreme (f)	дневна крема (ж)	dnevna krema
Nachtcreme (f)	ноћна крема (ж)	noćna krema
Tages-	дневни	dnevni
Nacht-	ноћни	noćni

Tampon (m)	тампон (м)	tampon
Toilettenpapier (n)	тоалет папир (м)	toalet papir
Föhn (m)	фен (м)	fen

40. Armbanduhren Uhren

Armbanduhr (f)	сат (м)	sat
Zifferblatt (n)	бројчаник (м)	brojčanik
Zeiger (m)	казаљка (ж)	kazaljka
Metallarmband (n)	наруквица (ж)	narukvica
Uhrenarmband (n)	каиш (м) за сат	kaiš za sat

Batterie (f)	батерија (ж)	baterija
verbraucht sein	испразнити се	isprazniti se
die Batterie wechseln	променити батерију	promeniti bateriju
vorgehen (vi)	журити	žuriti

nachgehen (vi)	**каснити**	kasniti
Wanduhr (f)	**зидни сат** (м)	zidni sat
Sanduhr (f)	**пешчани сат** (м)	peščani sat
Sonnenuhr (f)	**сунчани часовник** (м)	sunčani časovnik
Wecker (m)	**будилник** (м)	budilnik
Uhrmacher (m)	**часовничар** (м)	časovničar
reparieren (vt)	**поправљати**	popravljati

ALLTAGSERFAHRUNG

T&P Books Publishing

41. Geld

Geld (n)	новац (м)	novac
Austausch (m)	размена (ж) валута	razmena valuta
Kurs (m)	курс (м)	kurs
Geldautomat (m)	банкомат (м)	bankomat
Münze (f)	новчић (м), кованица (ж)	novčić, kovanica
Dollar (m)	долар (м)	dolar
Euro (m)	евро (м)	evro
Lira (f)	лира (ж)	lira
Mark (f)	немачка марка (ж)	nemačka marka
Franken (m)	франак (м)	franak
Pfund Sterling (n)	фунта (ж)	funta
Yen (m)	јен (м)	jen
Schuld (f)	дуг (м)	dug
Schuldner (m)	дужник (м)	dužnik
leihen (vt)	дати у зајам	dati u zajam
leihen, borgen (Geld usw.)	узети у зајам	uzeti u zajam
Bank (f)	банка (ж)	banka
Konto (n)	рачун (м)	račun
einzahlen (vt)	ставити	staviti
auf ein Konto einzahlen	ставити на рачун	staviti na račun
abheben (vt)	подићи са рачуна	podići sa računa
Kreditkarte (f)	кредитна карта (ж)	kreditna karta
Bargeld (n)	готов новац (м)	gotov novac
Scheck (m)	чек (м)	ček
einen Scheck schreiben	написати чек	napisati ček
Scheckbuch (n)	чековна књижица (ж)	čekovna knjižica
Geldtasche (f)	новчаник (м)	novčanik
Geldbeutel (m)	новчаничић (м)	novčaničić
Safe (m)	сеф (м)	sef
Erbe (m)	наследник (м)	naslednik
Erbschaft (f)	наследство (с)	nasledstvo
Vermögen (n)	имовина (ж)	imovina
Pacht (f)	закуп (м)	zakup
Miete (f)	станарина (ж)	stanarina
mieten (vt)	изнајмити	iznajmiti
Preis (m)	цена (ж)	cena

| Kosten (pl) | вредност (ж) | vrednost |
| Summe (f) | износ (м) | iznos |

ausgeben (vt)	трошити	trošiti
Ausgaben (pl)	трошкови (м мн)	troškovi
sparen (vt)	штедети	štedeti
sparsam	штедљив	štedljiv

zahlen (vt)	платити	platiti
Lohn (m)	плаћање (с)	plaćanje
Wechselgeld (n)	кусур (м)	kusur

Steuer (f)	порез (м)	porez
Geldstrafe (f)	новчана казна (ж)	novčana kazna
bestrafen (vt)	казнити	kazniti

42. Post. Postdienst

Post (f) (Postamt)	пошта (ж)	pošta
Post (f) (Postsendungen)	пошта (ж)	pošta
Briefträger (m)	поштар (м)	poštar
Öffnungszeiten (pl)	радно време (с)	radno vreme

Brief (m)	писмо (с)	pismo
Einschreibebrief (m)	препоручено писмо (м)	preporučeno pismo
Postkarte (f)	разгледница (ж)	razglednica
Telegramm (n)	телеграм (м)	telegram
Postpaket (n)	пошиљка (ж)	pošiljka
Geldanweisung (f)	трансфер (м) новца	transfer novca

bekommen (vt)	примити	primiti
abschicken (vt)	послати	poslati
Absendung (f)	слање (с)	slanje
Postanschrift (f)	адреса (ж)	adresa
Postleitzahl (f)	поштански број (м)	poštanski broj
Absender (m)	пошиљалац (м)	pošiljalac
Empfänger (m)	прималац (м)	primalac

| Vorname (m) | име (с) | ime |
| Nachname (m) | презиме (с) | prezime |

Tarif (m)	поштарина (ж)	poštarina
Standard- (Tarif)	обичан	običan
Spar- (-tarif)	економичан	ekonomičan

Gewicht (n)	тежина (ж)	težina
abwiegen (vt)	вагати	vagati
Briefumschlag (m)	коверат (м)	koverat
Briefmarke (f)	поштанска марка (ж)	poštanska marka
Briefmarke aufkleben	лепити марку	lepiti marku

43. Bankgeschäft

| Bank (f) | банка (ж) | banka |
| Filiale (f) | експозитура (ж) | ekspozitura |

| Berater (m) | банкарски службеник (м) | bankarski službenik |
| Leiter (m) | менаџер (м) | menadžer |

Konto (n)	рачун (м)	račun
Kontonummer (f)	број (м) рачуна	broj računa
Kontokorrent (n)	текући рачун (м)	tekući račun
Sparkonto (n)	штедни рачун (м)	štedni račun

ein Konto eröffnen	отворити рачун	otvoriti račun
das Konto schließen	затворити рачун	zatvoriti račun
einzahlen (vt)	ставити на рачун	staviti na račun
abheben (vt)	подићи са рачуна	podići sa računa

Einzahlung (f)	депозит (м)	depozit
eine Einzahlung machen	ставити новац на рачун	staviti novac na račun
Überweisung (f)	трансфер (м) новца	transfer novca
überweisen (vt)	послати новац	poslati novac

| Summe (f) | износ (м) | iznos |
| Wieviel? | Колико? | Koliko? |

| Unterschrift (f) | потпис (м) | potpis |
| unterschreiben (vt) | потписати | potpisati |

Kreditkarte (f)	кредитна картица (ж)	kreditna kartica
Code (m)	код (м)	kod
Kreditkartennummer (f)	број (м) кредитне картице	broj kreditne kartice
Geldautomat (m)	банкомат (м)	bankomat

Scheck (m)	чек (м)	ček
einen Scheck schreiben	написати чек	napisati ček
Scheckbuch (n)	чековна књижица (ж)	čekovna knjižica

Darlehen (m)	кредит (м)	kredit
ein Darlehen beantragen	тражити кредит	tražiti kredit
ein Darlehen aufnehmen	подићи кредит	podići kredit
ein Darlehen geben	давати кредит	davati kredit
Pfand (m, n)	гаранција (ж)	garancija

44. Telefon. Telefongespräche

| Telefon (n) | телефон (м) | telefon |
| Mobiltelefon (n) | мобилни телефон (м) | mobilni telefon |

Anrufbeantworter (m)	секретарица (ж)	sekretarica
anrufen (vt)	звати	zvati
Anruf (m)	телефонски позив (м)	telefonski poziv

eine Nummer wählen	бирати број	birati broj
Hallo!	Хало!	Halo!
fragen (vt)	упитати	upitati
antworten (vi)	јавити се	javiti se

hören (vt)	чути	čuti
gut (~ aussehen)	добро	dobro
schlecht (Adv)	лоше	loše
Störungen (pl)	звуци (м мн)	zvuci

Hörer (m)	слушалица (ж)	slušalica
den Hörer abnehmen	подићи слушалицу	podići slušalicu
auflegen (den Hörer ~)	спустити слушалицу	spustiti slušalicu

besetzt	заузето	zauzeto
läuten (vi)	звонити	zvoniti
Telefonbuch (n)	телефонски именик (м)	telefonski imenik

Orts-	локалан	lokalan
Ortsgespräch (n)	локални позив (м)	lokalni poziv
Auslands-	међународни	međunarodni
Auslandsgespräch (n)	међународни позив (м)	međunarodni poziv
Fern-	међуградски	međugradski
Ferngespräch (n)	међуградски позив (м)	međugradski poziv

45. Mobiltelefon

Mobiltelefon (n)	мобилни телефон (м)	mobilni telefon
Display (n)	дисплеј (м)	displej
Knopf (m)	дугме (c)	dugme
SIM-Karte (f)	СИМ картица (ж)	SIM kartica

Batterie (f)	батерија (ж)	baterija
leer sein (Batterie)	испразнити се	isprazniti se
Ladegerät (n)	пуњач (м)	punjač

Menü (n)	мени (м)	meni
Einstellungen (pl)	подешавања (с мн)	podešavanja
Melodie (f)	мелодија (ж)	melodija
auswählen (vt)	изабрати	izabrati

Rechner (m)	дигитрон,	digitron,
	калкулатор (м)	kalkulator
Anrufbeantworter (m)	говорна пошта (ж)	govorna pošta
Wecker (m)	аларм (м)	alarm
Kontakte (pl)	контакти (м мн)	kontakti

SMS-Nachricht (f)   СМС порука (ж)   SMS poruka
Teilnehmer (m)   претплатник (м)   pretplatnik

46. Bürobedarf

Kugelschreiber (m)   хемијска оловка (ж)   hemijska olovka
Federhalter (m)   наливперо (с)   nalivpero

Bleistift (m)   оловка (ж)   olovka
Faserschreiber (m)   маркер (м)   marker
Filzstift (m)   фломастер (м)   flomaster

Notizblock (m)   нотес (м)   notes
Terminkalender (m)   роковник (м)   rokovnik

Lineal (n)   лењир (м)   lenjir
Rechner (m)   дигитрон,   digitron,
                           калкулатор (м)   kalkulator

Radiergummi (m)   гумица (ж)   gumica
Reißzwecke (f)   ексерчић (ж)   ekserčić
Heftklammer (f)   спајалица (ж)   spajalica

Klebstoff (m)   лепак (м)   lepak
Hefter (m)   хефталица (ж)   heftalica
Locher (m)   бушилица (ж) за папир   bušilica za papir
Bleistiftspitzer (m)   резач (м)   rezač

47. Fremdsprachen

Sprache (f)   језик (м)   jezik
Fremd-   страни   strani
Fremdsprache (f)   страни језик (м)   strani jezik
studieren (z.B. Jura ~)   студирати   studirati
lernen (Englisch ~)   учити   učiti

lesen (vi, vt)   читати   čitati
sprechen (vi, vt)   говорити   govoriti
verstehen (vt)   разумети   razumeti
schreiben (vi, vt)   писати   pisati

schnell (Adv)   брзо   brzo
langsam (Adv)   споро   sporo
fließend (Adv)   течно   tečno

Regeln (pl)   правила (с мн)   pravila
Grammatik (f)   граматика (ж)   gramatika
Vokabular (n)   лексикон (м)   leksikon
Phonetik (f)   фонетика (ж)   fonetika

Lehrbuch (n)	уџбеник (м)	udžbenik
Wörterbuch (n)	речник (м)	rečnik
Selbstlernbuch (n)	приручник (м) за самоуке	priručnik za samouke
Sprachführer (m)	приручник (м) за конверзацију	priručnik za konverzaciju
Kassette (f)	касета (ж)	kaseta
Videokassette (f)	видео касета (ж)	video kaseta
CD (f)	ЦД, диск (м)	CD, disk
DVD (f)	ДВД (м)	DVD
Alphabet (n)	азбука, абецеда (ж)	azbuka, abeceda
buchstabieren (vt)	спеловати	spelovati
Aussprache (f)	изговор (м)	izgovor
Akzent (m)	нагласак (м)	naglasak
mit Akzent	са нагласком	sa naglaskom
ohne Akzent	без нагласка	bez naglaska
Wort (n)	реч (ж)	reč
Bedeutung (f)	смисао (м)	smisao
Kurse (pl)	течај (м)	tečaj
sich einschreiben	уписати се	upisati se
Lehrer (m)	професор (м)	profesor
Übertragung (f)	превођење (с)	prevođenje
Übersetzung (f)	превод (м)	prevod
Übersetzer (m)	преводилац (м)	prevodilac
Dolmetscher (m)	преводилац (м)	prevodilac
Polyglott (m, f)	полиглота (м)	poliglota
Gedächtnis (n)	памћење (с)	pamćenje

MAHLZEITEN.
RESTAURANT

T&P Books Publishing

48. Gedeck

Löffel (m)	кашика (ж)	kašika
Messer (n)	нож (м)	nož
Gabel (f)	виљушка (ж)	viljuška
Tasse (f) (eine ~ Tee)	шоља (ж)	šolja
Teller (m)	тањир (м)	tanjir
Untertasse (f)	тацна (ж)	tacna
Serviette (f)	салвета (ж)	salveta
Zahnstocher (m)	чачкалица (ж)	čačkalica

49. Restaurant

Restaurant (n)	ресторан (м)	restoran
Kaffeehaus (n)	кафић (м)	kafić
Bar (f)	бар (м)	bar
Teesalon (m)	чајџиница (ж)	čajdžinica
Kellner (m)	конобар (м)	konobar
Kellnerin (f)	конобарица (ж)	konobarica
Barmixer (m)	бармен (м)	barmen
Speisekarte (f)	јеловник (м)	jelovnik
Weinkarte (f)	винска карта (ж)	vinska karta
einen Tisch reservieren	резервисати сто	rezervisati sto
Gericht (n)	јело (с)	jelo
bestellen (vt)	наручити	naručiti
eine Bestellung aufgeben	поручити	poručiti
Aperitif (m)	аперитив (м)	aperitiv
Vorspeise (f)	предјело (с)	predjelo
Nachtisch (m)	десерт (м)	desert
Rechnung (f)	рачун (м)	račun
Rechnung bezahlen	исплатити рачун	isplatiti račun
das Wechselgeld geben	вратити кусур	vratiti kusur
Trinkgeld (n)	бакшиш (м)	bakšiš

50. Mahlzeiten

Essen (n)	храна (ж)	hrana
essen (vi, vt)	јести	jesti

Frühstück (n)	доручак (м)	doručak
frühstücken (vi)	доручковати	doručkovati
Mittagessen (n)	ручак (м)	ručak
zu Mittag essen	ручати	ručati
Abendessen (n)	вечера (ж)	večera
zu Abend essen	вечерати	večerati
Appetit (m)	апетит (м)	apetit
Guten Appetit!	Пријатно!	Prijatno!
öffnen (vt)	отварати	otvarati
verschütten (vt)	просути	prosuti
verschüttet werden	просути се	prosuti se
kochen (vi)	кључати	ključati
kochen (vt)	проврити	provriti
gekocht (Adj)	кључала	ključala
kühlen (vt)	охладити	ohladiti
abkühlen (vi)	охладити се	ohladiti se
Geschmack (m)	укус (м)	ukus
Beigeschmack (m)	паукус (м)	paukus
auf Diät sein	мршавити	mršaviti
Diät (f)	дијета (ж)	dijeta
Vitamin (n)	витамин (м)	vitamin
Kalorie (f)	калорија (ж)	kalorija
Vegetarier (m)	вегетаријанац (м)	vegetarijanac
vegetarisch (Adj)	вегетаријански	vegetarijanski
Fett (n)	масти (ж мн)	masti
Protein (n)	протеини, беланчевине (мн)	proteini, belančevine
Kohlenhydrat (n)	угљени хидрати (м мн)	ugljeni hidrati
Scheibchen (n)	парче (с)	parče
Stück (n) (ein ~ Kuchen)	комад (м)	komad
Krümel (m)	мрва (ж)	mrva

51. Gerichte

Gericht (n)	јело (с)	jelo
Küche (f)	кухиња (ж)	kuhinja
Rezept (n)	рецепт (м)	recept
Portion (f)	порција (ж)	porcija
Salat (m)	салата (ж)	salata
Suppe (f)	супа (ж)	supa
Brühe (f), Bouillon (f)	буљон (м)	buljon
belegtes Brot (n)	сендвич (м)	sendvič

Spiegelei (n)	печена jaja (ж мн)	pečena jaja
Hamburger (m)	хамбургер (м)	hamburger
Beefsteak (n)	бифтек (м)	biftek

Beilage (f)	прилог (м)	prilog
Spaghetti (pl)	шпагети (м мн)	špageti
Kartoffelpüree (n)	пире (м) од кромпира	pire od krompira
Pizza (f)	пица (ж)	pica
Brei (m)	каша (ж)	kaša
Omelett (n)	омлет (м)	omlet

gekocht	куван	kuvan
geräuchert	димљен	dimljen
gebraten	пржен	pržen
getrocknet	сушен	sušen
tiefgekühlt	замрзнут	zamrznut
mariniert	мариниран, укисељен	mariniran, ukiseljen

süß	сладак	sladak
salzig	слан	slan
kalt	хладан	hladan
heiß	врућ	vruć
bitter	горак	gorak
lecker	укусан	ukusan

kochen (vt)	барити	bariti
zubereiten (vt)	кувати	kuvati
braten (vt)	пржети	pržeti
aufwärmen (vt)	подгревати	podgrevati

salzen (vt)	солити	soliti
pfeffern (vt)	биберити	biberiti
reiben (vt)	рендати	rendati
Schale (f)	кора (ж)	kora
schälen (vt)	љуштити	ljuštiti

52. Essen

Fleisch (n)	месо (c)	meso
Hühnerfleisch (n)	пилетина (ж)	piletina
Küken (n)	млада пилетина (ж)	mlada piletina
Ente (f)	патка (ж)	patka
Gans (f)	гуска (ж)	guska
Wild (n)	дивљач (ж)	divljač
Pute (f)	ћуран (м)	ćuran

Schweinefleisch (n)	свињетина (ж)	svinjetina
Kalbfleisch (n)	телетина (ж)	teletina
Hammelfleisch (n)	jагњетина (ж)	jagnjetina
Rindfleisch (n)	говедина (ж)	govedina

Kaninchenfleisch (n)	зец (м)	zec
Wurst (f)	кобасица (ж)	kobasica
Würstchen (n)	виршла (ж)	viršla
Schinkenspeck (m)	сланина (ж)	slanina
Schinken (m)	шунка (ж)	šunka
Räucherschinken (m)	димљена шунка (ж)	dimljena šunka
Pastete (f)	паштета (ж)	pašteta
Leber (f)	џигерица (ж)	džigerica
Hackfleisch (n)	млевено месо (с)	mleveno meso
Zunge (f)	језик (м)	jezik
Ei (n)	jaje (с)	jaje
Eier (pl)	jaja (с мн)	jaja
Eiweiß (n)	беланце (с)	belance
Eigelb (n)	жуманце (с)	žumance
Fisch (m)	риба (ж)	riba
Meeresfrüchte (pl)	плодови (м мн) мора	plodovi mora
Krebstiere (pl)	ракови (м мн)	rakovi
Kaviar (m)	кавијар (м)	kavijar
Krabbe (f)	морски рак (м)	morski rak
Garnele (f)	морски рачић (м)	morski račić
Auster (f)	острига (ж)	ostriga
Languste (f)	jастог (м)	jastog
Krake (m)	октопод (м)	oktopod
Kalmar (m)	лигња (ж)	lignja
Störfleisch (n)	jесетрина (ж)	jesetrina
Lachs (m)	лосос (м)	losos
Heilbutt (m)	иверак (м)	iverak
Dorsch (m)	бакалар (м)	bakalar
Makrele (f)	скуша (ж)	skuša
Tunfisch (m)	туњевина (ж)	tunjevina
Aal (m)	jегуља (ж)	jegulja
Forelle (f)	пастрмка (ж)	pastrmka
Sardine (f)	сардина (ж)	sardina
Hecht (m)	штука (ж)	štuka
Hering (m)	харинга (ж)	haringa
Brot (n)	хлеб (м)	hleb
Käse (m)	сир (м)	sir
Zucker (m)	шећер (м)	šećer
Salz (n)	со (ж)	so
Reis (m)	пиринач (м)	pirinač
Teigwaren (pl)	макароне (ж мн)	makarone
Nudeln (pl)	резанци (м мн)	rezanci
Butter (f)	маслац (м)	maslac

Pflanzenöl (n)	зејтин (м)	zejtin
Sonnenblumenöl (n)	сунцокретово уље (c)	suncokretovo ulje
Margarine (f)	маргарин (м)	margarin

| Oliven (pl) | маслине (ж мн) | masline |
| Olivenöl (n) | маслиново уље (c) | maslinovo ulje |

Milch (f)	млеко (c)	mleko
Kondensmilch (f)	кондензовано млеко (c)	kondenzovano mleko
Joghurt (m)	јогурт (м)	jogurt
saure Sahne (f)	кисела павлака (ж)	kisela pavlaka
Sahne (f)	павлака (ж)	pavlaka

| Mayonnaise (f) | мајонез (м) | majonez |
| Buttercreme (f) | крем (м) | krem |

Grütze (f)	житарице (ж мн)	žitarice
Mehl (n)	брашно (c)	brašno
Konserven (pl)	конзервирана храна (ж)	konzervirana hrana

Haferflocken (pl)	кукурузне пахуљице (ж мн)	kukuruzne pahuljice
Honig (m)	мед (м)	med
Marmelade (f)	џем (м)	džem
Kaugummi (m, n)	гума (ж) за жвакање	guma za žvakanje

53. Getränke

Wasser (n)	вода (ж)	voda
Trinkwasser (n)	вода (ж) за пиће	voda za piće
Mineralwasser (n)	кисела вода (ж)	kisela voda

still	негазирана	negazirana
mit Kohlensäure	газирана	gazirana
mit Gas	газирана	gazirana
Eis (n)	лед (м)	led
mit Eis	са ледом	sa ledom

alkoholfrei (Adj)	безалкохолан	bezalkoholan
alkoholfreies Getränk (n)	безалкохолано пиће (c)	bezalkoholano piće
Erfrischungsgetränk (n)	освежавајуће пиће (c)	osvežavajuće piće
Limonade (f)	лимунада (ж)	limunada

Spirituosen (pl)	алкохолно пиће (c)	alkoholno piće
Wein (m)	вино (c)	vino
Weißwein (m)	бело вино (c)	belo vino
Rotwein (m)	црно вино (c)	crno vino

| Likör (m) | ликер (м) | liker |
| Champagner (m) | шампањац (м) | šampanjac |

Wermut (m)	вермут (м)	vermut
Whisky (m)	виски (м)	viski
Wodka (m)	водка (ж)	vodka
Gin (m)	џин (м)	džin
Kognak (m)	коњак (м)	konjak
Rum (m)	рум (м)	rum

Kaffee (m)	кафа (ж)	kafa
schwarzer Kaffee (m)	црна кафа (ж)	crna kafa
Milchkaffee (m)	кафа (ж) са млеком	kafa sa mlekom
Cappuccino (m)	капућино (м)	kapućino
Pulverkaffee (m)	инстант кафа (ж)	instant kafa

Milch (f)	млеко (с)	mleko
Cocktail (m)	коктел (м)	koktel
Milchcocktail (m)	милкшејк (м)	milkšejk

Saft (m)	сок (м)	sok
Tomatensaft (m)	сок (м) од парадајза	sok od paradajza
Orangensaft (m)	сок од наранџе (м)	sok od narandže
frisch gepresster Saft (m)	цеђени сок (м)	ceđeni sok

Bier (n)	пиво (с)	pivo
Helles (n)	светло пиво (с)	svetlo pivo
Dunkelbier (n)	тамно пиво (с)	tamno pivo

Tee (m)	чај (м)	čaj
schwarzer Tee (m)	црни чај (м)	crni čaj
grüner Tee (m)	зелени чај (м)	zeleni čaj

54. Gemüse

| Gemüse (n) | поврће (с) | povrće |
| grünes Gemüse (pl) | зелениш (м) | zeleniš |

Tomate (f)	парадајз (м)	paradajz
Gurke (f)	краставац (м)	krastavac
Karotte (f)	шаргарепа (ж)	šargarepa
Kartoffel (f)	кромпир (м)	krompir
Zwiebel (f)	црни лук (м)	crni luk
Knoblauch (m)	бели лук, чешњак (м)	beli luk, češnjak

Kohl (m)	купус (м)	kupus
Blumenkohl (m)	карфиол (м)	karfiol
Rosenkohl (m)	прокељ (м)	prokelj
Brokkoli (m)	броколи (м)	brokoli

Zuckerrübe (f)	цвекла (ж)	cvekla
Aubergine (f)	плави патлиџан (м)	plavi patlidžan
Zucchini (f)	тиквица (ж)	tikvica

Kürbis (m)	тиква (ж)	tikva
Rübe (f)	репа (ж)	repa

Petersilie (f)	першун (м)	peršun
Dill (m)	мироћија (ж)	mirođija
Kopf Salat (m)	зелена салата (ж)	zelena salata
Sellerie (m)	целер (м)	celer
Spargel (m)	шпаргла (ж)	špargla
Spinat (m)	спанаћ (м)	spanać

Erbse (f)	грашак (м)	grašak
Bohnen (pl)	махунарке (ж мн)	mahunarke
Mais (m)	кукуруз (м)	kukuruz
weiße Bohne (f)	пасуљ (м)	pasulj

Paprika (m)	паприка (ж)	paprika
Radieschen (n)	ротквица (ж)	rotkvica
Artischocke (f)	артичока (ж)	artičoka

55. Obst. Nüsse

Frucht (f)	воћка (ж)	voćka
Apfel (m)	јабука (ж)	jabuka
Birne (f)	крушка (ж)	kruška
Zitrone (f)	лимун (м)	limun
Apfelsine (f)	наранца (ж)	narandža
Erdbeere (f)	јагода (ж)	jagoda

Mandarine (f)	мандарина (ж)	mandarina
Pflaume (f)	шљива (ж)	šljiva
Pfirsich (m)	бресква (ж)	breskva
Aprikose (f)	кајсија (ж)	kajsija
Himbeere (f)	малина (ж)	malina
Ananas (f)	ананас (м)	ananas

Banane (f)	банана (ж)	banana
Wassermelone (f)	лубеница (ж)	lubenica
Weintrauben (pl)	грожђе (с)	grožđe
Sauerkirsche (f)	вишња (ж)	višnja
Herzkirsche (f)	трешња (ж)	trešnja
Melone (f)	диња (ж)	dinja

Grapefruit (f)	грејпфрут (м)	grejpfrut
Avocado (f)	авокадо (м)	avokado
Papaya (f)	папаја (ж)	papaja
Mango (f)	манго (м)	mango
Granatapfel (m)	нар (м)	nar
rote Johannisbeere (f)	црвена рибизла (ж)	crvena ribizla
schwarze Johannisbeere (f)	црна рибизла (ж)	crna ribizla

Stachelbeere (f)	огрозд (м)	ogrozd
Heidelbeere (f)	боровница (ж)	borovnica
Brombeere (f)	купина (ж)	kupina

Rosinen (pl)	суво грожђе (с)	suvo grožđe
Feige (f)	смоква (ж)	smokva
Dattel (f)	урма (ж)	urma

Erdnuss (f)	кикирики (м)	kikiriki
Mandel (f)	бадем (м)	badem
Walnuss (f)	орах (м)	orah
Haselnuss (f)	лешник (м)	lešnik
Kokosnuss (f)	кокосов орах (м)	kokosov orah
Pistazien (pl)	пистаћи (мн)	pistaći

56. Brot. Süßigkeiten

Konditorwaren (pl)	посластичарски производи (м мн)	poslastičarski proizvodi
Brot (n)	хлеб (м)	hleb
Keks (m, n)	бисквити (м мн)	biskviti

Schokolade (f)	чоколада (ж)	čokolada
Schokoladen-	чоколадан	čokoladan
Bonbon (m, n)	бомбона (ж)	bombona
Törtchen (n)	колач (м)	kolač
Torte (f)	торта (ж)	torta

| Kuchen (m) (Apfel-) | пита (ж) | pita |
| Füllung (f) | фил (м) | fil |

Konfitüre (f)	слатко (с)	slatko
Marmelade (f)	мармелада (ж)	marmelada
Waffeln (pl)	облатне (мн)	oblatne
Eis (n)	сладолед (м)	sladoled
Pudding (m)	пудинг (м)	puding

57. Gewürze

Salz (n)	со (ж)	so
salzig (Adj)	слан	slan
salzen (vt)	солити	soliti

schwarzer Pfeffer (m)	црни бибер (м)	crni biber
roter Pfeffer (m)	црвени бибер (млевени)	crveni biber (mleveni)
Senf (m)	сенф (м)	senf
Meerrettich (m)	рен, хрен (м)	ren, hren

Gewürz (n)	**додатак, зачин** (м)	dodatak, začin
Würze (f)	**зачин** (м)	začin
Soße (f)	**сос** (м)	sos
Essig (m)	**сирће** (c)	sirće
Anis (m)	**анис** (м)	anis
Basilikum (n)	**босиљак** (м)	bosiljak
Nelke (f)	**каранфил** (м)	karanfil
Ingwer (m)	**ђумбир** (м)	đumbir
Koriander (m)	**кориандер** (м)	koriander
Zimt (m)	**цимет** (м)	cimet
Sesam (m)	**сусам** (м)	susam
Lorbeerblatt (n)	**ловор** (м)	lovor
Paprika (m)	**паприка** (м)	paprika
Kümmel (m)	**ким** (м)	kim
Safran (m)	**шафран** (м)	šafran

PERSÖNLICHE INFORMATIONEN. FAMILIE

T&P Books Publishing

58. Persönliche Informationen. Formulare

Vorname (m)	име (c)	ime
Name (m)	презиме (c)	prezime
Geburtsdatum (n)	датум (м) рођења	datum rođenja
Geburtsort (m)	место (c) рођења	mesto rođenja
Nationalität (f)	националност (ж)	nacionalnost
Wohnort (m)	место (c) боравка	mesto boravka
Staat (m)	земља (ж)	zemlja
Beruf (m)	професија (ж)	profesija
Geschlecht (n)	пол (м)	pol
Größe (f)	раст (м)	rast
Gewicht (n)	тежина (ж)	težina

59. Familienmitglieder. Verwandte

Mutter (f)	мајка (ж)	majka
Vater (m)	отац (м)	otac
Sohn (m)	син (м)	sin
Tochter (f)	кћи (ж)	kći
jüngste Tochter (f)	млађа кћи (ж)	mlađa kći
jüngste Sohn (m)	млађи син (м)	mlađi sin
ältere Tochter (f)	најстарија кћи (ж)	najstarija kći
älterer Sohn (m)	најстарији син (м)	najstariji sin
Bruder (m)	брат (м)	brat
älterer Bruder (m)	старији брат (м)	stariji brat
jüngerer Bruder (m)	млађи брат (м)	mlađi brat
Schwester (f)	сестра (ж)	sestra
ältere Schwester (f)	старија сестра (ж)	starija sestra
jüngere Schwester (f)	млађа сестра (ж)	mlađa sestra
Cousin (m)	рођак (м)	rođak
Cousine (f)	рођака (ж)	rođaka
Mutter (f)	мама (ж)	mama
Papa (m)	тата (м)	tata
Eltern (pl)	родитељи (мн)	roditelji
Kind (n)	дете (c)	dete
Kinder (pl)	деца (c мн)	deca
Großmutter (f)	бака (ж)	baka
Großvater (m)	деда (м)	deda

Enkel (m)	унук (м)	unuk
Enkelin (f)	унука (ж)	unuka
Enkelkinder (pl)	унуци (мн)	unuci

Onkel (m)	ујак, стриц (м)	ujak, stric
Tante (f)	ујна, стрина (ж)	ujna, strina
Neffe (m)	синовац (м)	sinovac
Nichte (f)	синовица (ж)	sinovica

Schwiegermutter (f)	ташта (ж)	tašta
Schwiegervater (m)	свекар (м)	svekar
Schwiegersohn (m)	зет (м)	zet
Stiefmutter (f)	маћеха (ж)	maćeha
Stiefvater (m)	очух (м)	očuh

Säugling (m)	одојче (с)	odojče
Kleinkind (n)	беба (ж)	beba
Kleine (m)	мало дете (с)	malo dete

Frau (f)	жена (ж)	žena
Mann (m)	муж (м)	muž
Ehemann (m)	супруг (м)	suprug
Ehefrau (f)	супруга (ж)	supruga

verheiratet (Ehemann)	ожењен	oženjen
verheiratet (Ehefrau)	удата	udata
ledig	неожењен	neoženjen
Junggeselle (m)	нежења (м)	neženja
geschieden (Adj)	разведен	razveden
Witwe (f)	удовица (ж)	udovica
Witwer (m)	удовац (м)	udovac

Verwandte (m)	рођак (м)	rođak
naher Verwandter (m)	блиски рођак (м)	bliski rođak
entfernter Verwandter (m)	даљи рођак (м)	dalji rođak
Verwandte (pl)	рођаци (мн)	rođaci

Waise (m, f)	сироче (с)	siroče
Vormund (m)	старатељ (м)	staratelj
adoptieren (einen Jungen)	усвојити	usvojiti
adoptieren (ein Mädchen)	усвојити	usvojiti

60. Freunde. Arbeitskollegen

Freund (m)	пријатељ (м)	prijatelj
Freundin (f)	пријатељица (ж)	prijateljica
Freundschaft (f)	пријатељство (с)	prijateljstvo
befreundet sein	дружити се	družiti se
Freund (m)	пријатељ (м)	prijatelj
Freundin (f)	пријатељица (ж)	prijateljica

Partner (m)	партнер (м)	partner
Chef (m)	шеф (м)	šef
Vorgesetzte (m)	начелник (м)	načelnik
Besitzer (m)	власник (м)	vlasnik
Untergeordnete (m)	подређени (м)	podređeni
Kollege (m), Kollegin (f)	колега (м)	kolega
Bekannte (m)	познаник (м)	poznanik
Reisegefährte (m)	сапутник (м)	saputnik
Mitschüler (m)	школски друг (м)	školski drug
Nachbar (m)	комшија (м)	komšija
Nachbarin (f)	комшиница (ж)	komšinica
Nachbarn (pl)	комшије (мн)	komšije

T&P BOOKS

MENSCHLICHER KÖRPER. MEDIZIN

T&P Books Publishing

Kopf (m)	глава (ж)	glava
Gesicht (n)	лице (с)	lice
Nase (f)	нос (м)	nos
Mund (m)	уста (с мн)	usta
Auge (n)	око (с)	oko
Augen (pl)	очи (с мн)	oči
Pupille (f)	зеница (ж)	zenica
Augenbraue (f)	обрва (ж)	obrva
Wimper (f)	трепавица (ж)	trepavica
Augenlid (n)	капак (м)	kapak
Zunge (f)	језик (м)	jezik
Zahn (m)	зуб (м)	zub
Lippen (pl)	усне (ж мн)	usne
Backenknochen (pl)	јагодице (ж мн)	jagodice
Zahnfleisch (n)	десни (с мн)	desni
Gaumen (m)	непце (с)	nepce
Nasenlöcher (pl)	ноздрве (ж мн)	nozdrve
Kinn (n)	брада (ж)	brada
Kiefer (m)	вилица (ж)	vilica
Wange (f)	образ (м)	obraz
Stirn (f)	чело (с)	čelo
Schläfe (f)	слепоочница (ж)	slepoočnica
Ohr (n)	ухо (с)	uho
Nacken (m)	потиљак (м)	potiljak
Hals (m)	врат (м)	vrat
Kehle (f)	грло (с)	grlo
Haare (pl)	коса (ж)	kosa
Frisur (f)	фризура (ж)	frizura
Haarschnitt (m)	фризура (ж)	frizura
Perücke (f)	перика (ж)	perika
Schnurrbart (m)	бркови (м мн)	brkovi
Bart (m)	брада (ж)	brada
haben (einen Bart ~)	носити	nositi
Zopf (m)	плетеница (ж)	pletenica
Backenbart (m)	зулуфи (м мн)	zulufi
rothaarig	риђ	riđ
grau	сед	sed

| kahl | ћелав (ж) | ćelav |
| Glatze (f) | ћела (ж) | ćela |

| Pferdeschwanz (m) | коњски реп (м) | konjski rep |
| Pony (Ponyfrisur) | шишке (мн) | šiške |

62. Menschlicher Körper

| Hand (f) | шака (ж) | šaka |
| Arm (m) | рука (ж) | ruka |

Finger (m)	прст (м)	prst
Zehe (f)	ножни прст (м)	nožni prst
Daumen (m)	палац (м)	palac
kleiner Finger (m)	мали прст (м)	mali prst
Nagel (m)	нокат (м)	nokat

Faust (f)	песница (ж)	pesnica
Handfläche (f)	длан (ж)	dlan
Handgelenk (n)	запешће (с)	zapešće
Unterarm (m)	подлактица (ж)	podlaktica
Ellbogen (m)	лакат (м)	lakat
Schulter (f)	раме (с)	rame

Bein (n)	нога (ж)	noga
Fuß (m)	стопало (с)	stopalo
Knie (n)	колено (с)	koleno
Wade (f)	лист (м)	list

| Hüfte (f) | кук (м) | kuk |
| Ferse (f) | пета (ж) | peta |

Körper (m)	тело (с)	telo
Bauch (m)	трбух (м)	trbuh
Brust (f)	прса (мн)	prsa
Busen (m)	груди (ж мн)	grudi
Seite (f), Flanke (f)	бок (м)	bok
Rücken (m)	леђа (мн)	leđa

| Kreuz (n) | крста (с мн) | krsta |
| Taille (f) | струк (м) | struk |

Nabel (m)	пупак (м)	pupak
Gesäße (pl)	стражњица (ж)	stražnjica
Hinterteil (n)	задњица (ж)	zadnjica

Leberfleck (m)	младеж (м)	mladež
Muttermal (n)	белег, младеж (м)	beleg, mladež
Tätowierung (f)	тетоважа (ж)	tetovaža
Narbe (f)	ожиљак (м)	ožiljak

63. Krankheiten

Krankheit (f)	болест (ж)	bolest
krank sein	боловати	bolovati
Gesundheit (f)	здравље (c)	zdravlje
Schnupfen (m)	кијавица (ж)	kijavica
Angina (f)	ангина (ж)	angina
Erkältung (f)	прехлада (ж)	prehlada
sich erkälten	прехладити се	prehladiti se
Bronchitis (f)	бронхитис (м)	bronhitis
Lungenentzündung (f)	запаљење (c) плућа	zapaljenje pluća
Grippe (f)	грип (м)	grip
kurzsichtig	кратковид	kratkovid
weitsichtig	далековид	dalekovid
Schielen (n)	разрокост (ж)	razrokost
schielend (Adj)	разрок	razrok
grauer Star (m)	катаракта (ж)	katarakta
Glaukom (n)	глауком (м)	glaukom
Schlaganfall (m)	мождани удар (м)	moždani udar
Infarkt (m)	инфаркт (м)	infarkt
Herzinfarkt (m)	инфаркт (м) миокарда	infarkt miokarda
Lähmung (f)	парализа (ж)	paraliza
lähmen (vt)	парализовати	paralizovati
Allergie (f)	алергија (ж)	alergija
Asthma (n)	астма (ж)	astma
Diabetes (m)	дијабетес (м)	dijabetes
Zahnschmerz (m)	зубобоља (ж)	zubobolja
Karies (f)	каријес (м)	karijes
Durchfall (m)	дијареја (ж), пролив (м)	dijareja, proliv
Verstopfung (f)	затвор (м)	zatvor
Magenverstimmung (f)	лоша пробава (ж)	loša probava
Vergiftung (f)	тровање (c) храном	trovanje hranom
sich vergiften	отровати се	otrovati se
Arthritis (f)	артритис (м)	artritis
Rachitis (f)	рахитис (м)	rahitis
Rheumatismus (m)	реуматизам (м)	reumatizam
Atherosklerose (f)	атеросклероза (ж)	ateroskleroza
Gastritis (f)	гастритис (м)	gastritis
Blinddarmentzündung (f)	апендицитис (м)	apendicitis
Cholezystitis (f)	холециститис (м)	holecistitis
Geschwür (n)	чир (м) на желуцу	čir na želucu
Masern (pl)	мале богиње (ж мн)	male boginje

Röteln (pl)	рубеола (ж)	rubeola
Gelbsucht (f)	жутица (ж)	žutica
Hepatitis (f)	хепатитис (м)	hepatitis

Schizophrenie (f)	шизофренија (ж)	šizofrenija
Tollwut (f)	беснило (c)	besnilo
Neurose (f)	неуроза (ж)	neuroza
Gehirnerschütterung (f)	потрес (м) мозга	potres mozga

Krebs (m)	рак (м)	rak
Sklerose (f)	склероза (ж)	skleroza
multiple Sklerose (f)	мултипла склероза (ж)	multipla skleroza

Alkoholismus (m)	алкохолизам (м)	alkoholizam
Alkoholiker (m)	алкохоличар (м)	alkoholičar
Syphilis (f)	сифилис (м)	sifilis
AIDS	СИДА (ж)	SIDA

Tumor (m)	тумор (м)	tumor
bösartig	малигни	maligni
gutartig	бенигни	benigni

Fieber (n)	грозница (ж)	groznica
Malaria (f)	маларија (ж)	malarija
Gangrän (f, n)	гангрена (ж)	gangrena
Seekrankheit (f)	морска болест (ж)	morska bolest
Epilepsie (f)	епилепсија (ж)	epilepsija

Epidemie (f)	епидемија (ж)	epidemija
Typhus (m)	тифус (м)	tifus
Tuberkulose (f)	туберкулоза (ж)	tuberkuloza
Cholera (f)	колера (ж)	kolera
Pest (f)	куга (ж)	kuga

64. Symptome. Behandlungen. Teil 1

Symptom (n)	симптом (м)	simptom
Temperatur (f)	температура (ж)	temperatura
Fieber (n)	висока температура (ж)	visoka temperatura
Puls (m)	пулс (м)	puls

Schwindel (m)	вртоглавица (ж)	vrtoglavica
heiß (Stirne usw.)	врућ	vruć
Schüttelfrost (m)	језа (ж)	jeza
blass (z.B. -es Gesicht)	блед	bled

Husten (m)	кашаљ (м)	kašalj
husten (vi)	кашљати	kašljati
niesen (vi)	кијати	kijati
Ohnmacht (f)	несвестица (ж)	nesvestica

ohnmächtig werden	онесвестити се	onesvestiti se
blauer Fleck (m)	модрица (ж)	modrica
Beule (f)	чворуга (ж)	čvoruga
sich stoßen	ударити се	udariti se
Prellung (f)	озледа (ж)	ozleda
sich stoßen	озледити се	ozlediti se
hinken (vi)	храмати	hramati
Verrenkung (f)	ишчашење (с)	iščašenje
ausrenken (vt)	ишчашити	iščašiti
Fraktur (f)	прелом (м)	prelom
brechen (Arm usw.)	задобити прелом	zadobiti prelom
Schnittwunde (f)	посекотина (ж)	posekotina
sich schneiden	посећи се	poseći se
Blutung (f)	крварење (с)	krvarenje
Verbrennung (f)	опекотина (ж)	opekotina
sich verbrennen	опећи се	opeći se
stechen (vt)	убости	ubosti
sich stechen	убости се	ubosti se
verletzen (vt)	повредити	povrediti
Verletzung (f)	повреда (ж)	povreda
Wunde (f)	рана (ж)	rana
Trauma (n)	траума (ж)	trauma
irrereden (vi)	бунцати	buncati
stottern (vi)	муцати	mucati
Sonnenstich (m)	сунчаница (ж)	sunčanica

65. Symptome. Behandlungen. Teil 2

Schmerz (m)	бол (м)	bol
Splitter (m)	трн (м)	trn
Schweiß (m)	зној (м)	znoj
schwitzen (vi)	знојити се	znojiti se
Erbrechen (n)	повраћање (с)	povraćanje
Krämpfe (pl)	конвулзије (ж мн)	konvulzije
schwangere	трудна	trudna
geboren sein	родити се	roditi se
Geburt (f)	порођај (м)	porođaj
gebären (vt)	рађати	rađati
Abtreibung (f)	абортус (м), побачај (м)	abortus, pobačaj
Atem (m)	дисање (с)	disanje
Atemzug (m)	удисај (м)	udisaj
Ausatmung (f)	издисај (м)	izdisaj

ausatmen (vt)	издахнути	izdahnuti
einatmen (vt)	удахнути	udahnuti
Invalide (m)	инвалид (м)	invalid
Krüppel (m)	богаљ (м)	bogalj
Drogenabhängiger (m)	наркоман (м)	narkoman
taub	глув	gluv
stumm	нем	nem
taubstumm	глувонем	gluvonem
verrückt (Adj)	луд	lud
Irre (m)	лудак (м)	ludak
Irre (f)	луда (ж)	luda
den Verstand verlieren	полудети	poludeti
Gen (n)	ген (м)	gen
Immunität (f)	имунитет (м)	imunitet
erblich	наследни	nasledni
angeboren	урођен	urođen
Virus (m, n)	вирус (м)	virus
Mikrobe (f)	микроб (м)	mikrob
Bakterie (f)	бактерија (ж)	bakterija
Infektion (f)	инфекција (ж)	infekcija

66. Symptome. Behandlungen. Teil 3

Krankenhaus (n)	болница (ж)	bolnica
Patient (m)	пацијент (м)	pacijent
Diagnose (f)	дијагноза (ж)	dijagnoza
Heilung (f)	лечење (c)	lečenje
Behandlung (f)	медицински третман (м)	medicinski tretman
Behandlung bekommen	лечити се	lečiti se
pflegen (vt)	лечити	lečiti
pflegen (Kranke)	неговати	negovati
Pflege (f)	неговање (c)	negovanje
Operation (f)	операција (ж)	operacija
verbinden (vt)	превити	previti
Verband (m)	превијање (c)	previjanje
Impfung (f)	вакцинација (ж)	vakcinacija
impfen (vt)	вакцинисати се	vakcinisati se
Spritze (f)	ињекција (ж)	injekcija
eine Spritze geben	дати ињекцију	dati injekciju
Anfall (m)	напад (м)	napad
Amputation (f)	ампутација (ж)	amputacija

amputieren (vt)	ампутирати	amputirati
Koma (n)	кома (ж)	koma
im Koma liegen	бити у коми	biti u komi
Reanimation (f)	интензивна нега (ж)	intenzivna nega
genesen von … (vi)	опоравити	oporaviti
Zustand (m)	стање (с)	stanje
Bewusstsein (n)	свест (ж)	svest
Gedächtnis (n)	памћење (с)	pamćenje
ziehen (einen Zahn ~)	вадити	vaditi
Plombe (f)	пломба (ж)	plomba
plombieren (vt)	пломбирати	plombirati
Hypnose (f)	хипноза (ж)	hipnoza
hypnotisieren (vt)	хипнотисати	hipnotisati

67. Medizin. Medikamente. Accessoires

Arznei (f)	лек (м)	lek
Heilmittel (n)	средство (с)	sredstvo
verschreiben (vt)	преписати	prepisati
Rezept (n)	рецепт (м)	recept
Tablette (f)	таблета (ж)	tableta
Salbe (f)	маст (ж)	mast
Ampulle (f)	ампула (ж)	ampula
Mixtur (f)	микстура (ж)	mikstura
Sirup (m)	сируп (м)	sirup
Pille (f)	пилула (ж)	pilula
Pulver (n)	прашак (м)	prašak
Verband (m)	завој (м)	zavoj
Watte (f)	вата (ж)	vata
Jod (n)	јод (м)	jod
Pflaster (n)	фластер (м)	flaster
Pipette (f)	пипета (ж)	pipeta
Thermometer (n)	термометар (м)	termometar
Spritze (f)	шприц (м)	špric
Rollstuhl (m)	инвалидска колица (ж)	invalidska kolica
Krücken (pl)	штаке (ж мн)	štake
Betäubungsmittel (n)	аналгетик (м)	analgetik
Abführmittel (n)	лаксатив (м)	laksativ
Spiritus (m)	алкохол (м)	alkohol
Heilkraut (n)	лековито биље (с)	lekovito bilje
Kräuter- (z.B. Kräutertee)	биљни	biljni

WOHNUNG

T&P Books Publishing

68. Wohnung

Wohnung (f)	стан (м)	stan
Zimmer (n)	соба (ж)	soba
Schlafzimmer (n)	спаваћа соба (ж)	spavaća soba
Esszimmer (n)	трпезарија (ж)	trpezarija
Wohnzimmer (n)	дневна соба (ж)	dnevna soba
Arbeitszimmer (n)	кабинет (м)	kabinet
Vorzimmer (n)	предсобље (с)	predsoblje
Badezimmer (n)	купатило (с)	kupatilo
Toilette (f)	тоалет (м)	toalet
Decke (f)	плафон (м)	plafon
Fußboden (m)	под (м)	pod
Ecke (f)	угао (м)	ugao

69. Möbel. Innenausstattung

Möbel (n)	намештај (м)	nameštaj
Tisch (m)	сто (м)	sto
Stuhl (m)	столица (ж)	stolica
Bett (n)	кревет (м)	krevet
Sofa (n)	диван (м)	divan
Sessel (m)	фотеља (ж)	fotelja
Bücherschrank (m)	орман (м) за књиге	orman za knjige
Regal (n)	полица (ж)	polica
Schrank (m)	орман (м)	orman
Hakenleiste (f)	вешалица (ж)	vešalica
Kleiderständer (m)	чивилук (м)	čiviluk
Kommode (f)	комода (ж)	komoda
Couchtisch (m)	клуб-сто (м)	klub-sto
Spiegel (m)	огледало (с)	ogledalo
Teppich (m)	тепих (м)	tepih
Matte (kleiner Teppich)	простирка (ж)	prostirka
Kamin (m)	камин (м)	kamin
Kerze (f)	свећа (ж)	sveća
Kerzenleuchter (m)	свећњак (м)	svećnjak
Vorhänge (pl)	завесе (ж мн)	zavese

| Tapete (f) | тапете (ж мн) | tapete |
| Jalousie (f) | ролетна (ж) | roletna |

Tischlampe (f)	стона лампа (ж)	stona lampa
Leuchte (f)	зидна лампа (ж)	zidna lampa
Stehlampe (f)	подна лампа (ж)	podna lampa
Kronleuchter (m)	лустер (м)	luster

Bein (n) (Tischbein usw.)	нога (ж)	noga
Armlehne (f)	наслон (м) за руке	naslon za ruke
Lehne (f)	наслон (м)	naslon
Schublade (f)	фиока (ж)	fioka

70. Bettwäsche

Bettwäsche (f)	постељина (ж)	posteljina
Kissen (n)	јастук (м)	jastuk
Kissenbezug (m)	јастучница (ж)	jastučnica
Bettdecke (f)	јорган (м)	jorgan
Laken (n)	чаршав (м)	čaršav
Tagesdecke (f)	покривач (м)	pokrivač

71. Küche

Küche (f)	кухиња (ж)	kuhinja
Gas (n)	плин (м)	plin
Gasherd (m)	плински шпорет (м)	plinski šporet
Elektroherd (m)	електрички шпорет (м)	električki šporet
Backofen (m)	рерна (ж)	rerna
Mikrowellenherd (m)	микроталасна рерна (ж)	mikrotalasna rerna

Kühlschrank (m)	фрижидер (м)	frižider
Tiefkühltruhe (f)	замрзивач (м)	zamrzivač
Geschirrspülmaschine (f)	машина (ж) за прање судова	mašina za pranje sudova

Fleischwolf (m)	машина (ж) за млевење меса	mašina za mlevenje mesa
Saftpresse (f)	соковник (м)	sokovnik
Toaster (m)	тостер (м)	toster
Mixer (m)	миксер (м)	mikser

Kaffeemaschine (f)	апарат (м) за кафу	apparat za kafu
Kaffeekanne (f)	лонче (с) за кафу	lonče za kafu
Kaffeemühle (f)	апарат (м) за млевење кафе	aparat za mlevenje kafe

| Wasserkessel (m) | кувало, чајник (м) | kuvalo, čajnik |
| Teekanne (f) | чајник (м) | čajnik |

| Deckel (m) | поклопац (м) | poklopac |
| Teesieb (n) | цедиљка (ж) | cediljka |

Löffel (m)	кашика (ж)	kašika
Teelöffel (m)	кашичица (ж)	kašičica
Esslöffel (m)	супена кашика (ж)	supena kašika
Gabel (f)	виљушка (ж)	viljuška
Messer (n)	нож (м)	nož

Geschirr (n)	посуђе (с)	posuđe
Teller (m)	тањир (м)	tanjir
Untertasse (f)	тацна (ж)	tacna

Weinglas (n)	чашица (ж)	čašica
Glas (n)	чаша (ж)	čaša
Tasse (f)	шоља (ж)	šolja

Zuckerdose (f)	шећерница (ж)	šećernica
Salzstreuer (m)	сланик (м)	slanik
Pfefferstreuer (m)	биберница (ж)	bibernica
Butterdose (f)	посуда (ж) за маслац	posuda za maslac

Kochtopf (m)	шерпа (ж)	šerpa
Pfanne (f)	тигањ (м)	tiganj
Schöpflöffel (m)	кутлача (ж)	kutlača
Durchschlag (m)	цедиљка (ж)	cediljka
Tablett (n)	послужавник (м)	poslužavnik

Flasche (f)	боца (ж), флаша (ж)	boca, flaša
Einmachglas (n)	тегла (ж)	tegla
Dose (f)	лименка, конзерва (ж)	limenka, konzerva

Flaschenöffner (m)	отварач (м)	otvarač
Dosenöffner (m)	отварач (м)	otvarač
Korkenzieher (m)	вадичеп (м)	vadičep
Filter (n)	филтар (м)	filtar
filtern (vt)	филтровати	filtrovati

| Müll (m) | отпаци (м мн), ђубре (с) | otpaci, đubre |
| Mülleimer, Treteimer (m) | канта (ж) за ђубре | kanta za đubre |

72. Bad

Badezimmer (n)	купатило (с)	kupatilo
Wasser (n)	вода (ж)	voda
Wasserhahn (m)	славина (ж)	slavina
Warmwasser (n)	топла вода (ж)	topla voda
Kaltwasser (n)	хладна вода (ж)	hladna voda
Zahnpasta (f)	паста (ж) за зубе	pasta za zube
Zähne putzen	прати зубе	prati zube

Zahnbürste (f)	четкица (ж) за зубе	četkica za zube
sich rasieren	бријати се	brijati se
Rasierschaum (m)	пена (ж) за бријање	pena za brijanje
Rasierer (m)	бријач (м)	brijač

waschen (vt)	прати	prati
sich waschen	купати се	kupati se
Dusche (f)	туш (м)	tuš
sich duschen	туширати се	tuširati se

Badewanne (f)	када (ж)	kada
Klosettbecken (n)	WC шоља (ж)	WC šolja
Waschbecken (n)	лавабо (м)	lavabo

| Seife (f) | сапун (м) | sapun |
| Seifenschale (f) | кутија (ж) за сапун | kutija za sapun |

Schwamm (m)	сунђер (м)	sunđer
Shampoo (n)	шампон (м)	šampon
Handtuch (n)	пешкир (м)	peškir
Bademantel (m)	баде мантил (м)	bade mantil

Wäsche (f)	прање (с) веша	pranje veša
Waschmaschine (f)	веш-машина (ж)	veš-mašina
waschen (vt)	прати веш	prati veš
Waschpulver (n)	прашак (м) за веш	prašak za veš

73. Haushaltsgeräte

Fernseher (m)	телевизор (м)	televizor
Tonbandgerät (n)	касетофон (м)	kasetofon
Videorekorder (m)	видео рекордер (м)	video rekorder
Empfänger (m)	радио (м)	radio
Player (m)	плејер (м)	plejer

Videoprojektor (m)	видео пројектор (м)	video projektor
Heimkino (n)	кућни биоскоп (м)	kućni bioskop
DVD-Player (m)	ДВД плејер (м)	DVD plejer
Verstärker (m)	појачало (м)	pojačalo
Spielkonsole (f)	конзола (ж) за видео игрице	konzola za video igrice

Videokamera (f)	видеокамера (ж)	videokamera
Kamera (f)	фотоапарат (м)	fotoaparat
Digitalkamera (f)	дигитални фотоапарат (м)	digitalni fotoaparat

Staubsauger (m)	усисивач (м)	usisivač
Bügeleisen (n)	пегла (ж)	pegla
Bügelbrett (n)	даска (ж) за пеглање	daska za peglanje

Telefon (n)	телефон (м)	telefon
Mobiltelefon (n)	мобилни телефон (м)	mobilni telefon
Schreibmaschine (f)	писаћа машина (ж)	pisaća mašina
Nähmaschine (f)	шиваћа машина (ж)	šivaća mašina
Mikrophon (n)	микрофон (м)	mikrofon
Kopfhörer (m)	слушалице (ж мн)	slušalice
Fernbedienung (f)	даљински управљач (м)	daljinski upravljač
CD (f)	ЦД, диск (м)	CD, disk
Kassette (f)	касета (ж)	kaseta
Schallplatte (f)	плоча (ж)	ploča

T&P BOOKS

DIE ERDE. WETTER

T&P Books Publishing

74. Weltall

Kosmos (m)	свемир (м)	svemir
kosmisch, Raum-	космички	kosmički
Weltraum (m)	свемирски простор (м)	svemirski prostor
All (n)	свет (м)	svet
Universum (n)	универзум (м)	univerzum
Galaxie (f)	галаксија (ж)	galaksija
Stern (m)	звезда (ж)	zvezda
Gestirn (n)	сажвежђе (с)	sažvežđe
Planet (m)	планета (ж)	planeta
Satellit (m)	сателит (м)	satelit
Meteorit (m)	метеорит (м)	meteorit
Komet (m)	комета (ж)	kometa
Asteroid (m)	астероид (м)	asteroid
Umlaufbahn (f)	орбита (ж)	orbita
sich drehen	окретати се	okretati se
Atmosphäre (f)	атмосфера (ж)	atmosfera
Sonne (f)	сунце (с)	sunce
Sonnensystem (n)	Сунчев систем (м)	Sunčev sistem
Sonnenfinsternis (f)	помрачење (с) сунца	pomračenje sunca
Erde (f)	Земља (ж)	Zemlja
Mond (m)	Месец (м)	Mesec
Mars (m)	Марс (м)	Mars
Venus (f)	Венера (ж)	Venera
Jupiter (m)	Јупитер (м)	Jupiter
Saturn (m)	Сатурн (м)	Saturn
Merkur (m)	Меркур (м)	Merkur
Uran (m)	Уран (м)	Uran
Neptun (m)	Нептун (м)	Neptun
Pluto (m)	Плутон (м)	Pluton
Milchstraße (f)	Млечни пут (м)	Mlečni put
Der Große Bär	Велики медвед (м)	Veliki medved
Polarstern (m)	Северњача (ж)	Severnjača
Marsbewohner (m)	марсовац (м)	marsovac
Außerirdischer (m)	ванземаљац (м)	vanzemaljac
außerirdisches Wesen (n)	свемирац (м)	svemirac

fliegende Untertasse (f)	летећи тањир (m)	leteći tanjir
Raumschiff (n)	свемирски брод (m)	svemirski brod
Raumstation (f)	орбитна станица (ж)	orbitna stanica
Raketenstart (m)	лансирање (c)	lansiranje
Motor (m)	мотор (m)	motor
Düse (f)	млазница (ж)	mlaznica
Treibstoff (m)	гориво (c)	gorivo
Kabine (f)	кабина (ж)	kabina
Antenne (f)	антена (ж)	antena
Bullauge (n)	бродски прозор (m)	brodski prozor
Sonnenbatterie (f)	соларни панел (m)	solarni panel
Raumanzug (m)	свемирско одело (c)	svemirsko odelo
Schwerelosigkeit (f)	бестежинско стање (c)	bestežinsko stanje
Sauerstoff (m)	кисеоник (m)	kiseonik
Ankopplung (f)	спајање, пристајање (c)	spajanje, pristajanje
koppeln (vi)	спајати	spajati
Observatorium (n)	опсерваторијум (m)	opservatorijum
Teleskop (n)	телескоп (m)	teleskop
beobachten (vt)	посматрати	posmatrati
erforschen (vt)	истраживати	istraživati

75. Die Erde

Erde (f)	Земља (ж)	Zemlja
Erdkugel (f)	земљина кугла (ж)	zemljina kugla
Planet (m)	планета (ж)	planeta
Atmosphäre (f)	атмосфера (ж)	atmosfera
Geographie (f)	географија (ж)	geografija
Natur (f)	природа (ж)	priroda
Globus (m)	глобус (m)	globus
Landkarte (f)	мапа (ж)	mapa
Atlas (m)	атлас (m)	atlas
Europa (n)	Европа (ж)	Evropa
Asien (n)	Азија (ж)	Azija
Afrika (n)	Африка (ж)	Afrika
Australien (n)	Аустралија (ж)	Australija
Amerika (n)	Америка (ж)	Amerika
Nordamerika (n)	Северна Америка (ж)	Severna Amerika
Südamerika (n)	Јужна Америка (ж)	Južna Amerika
Antarktis (f)	Антарктик (m)	Antarktik
Arktis (f)	Арктик (m)	Arktik

76. Himmelsrichtungen

Norden (m)	север (м)	sever
nach Norden	према северу	prema severu
im Norden	на северу	na severu
nördlich	северни	severni
Süden (m)	jуг (м)	jug
nach Süden	према jугу	prema jugu
im Süden	на jугу	na jugu
südlich	jужни	južni
Westen (m)	запад (м)	zapad
nach Westen	према западу	prema zapadu
im Westen	на западу	na zapadu
westlich, West-	западни	zapadni
Osten (m)	исток (м)	istok
nach Osten	према истоку	prema istoku
im Osten	на истоку	na istoku
östlich	источни	istočni

77. Meer. Ozean

Meer (n), See (f)	море (с)	more
Ozean (m)	океан (м)	okean
Bucht (f)	залив (м)	zaliv
Meerenge (f)	мореуз (м)	moreuz
Festland (n)	копно (с)	kopno
Kontinent (m)	континент (м)	kontinent
Insel (f)	острво (с)	ostrvo
Halbinsel (f)	полуострво (с)	poluostrvo
Archipel (m)	архипелаг (м)	arhipelag
Bucht (f)	залив (м)	zaliv
Hafen (m)	лука (ж)	luka
Lagune (f)	лагуна (ж)	laguna
Kap (n)	рт (м)	rt
Atoll (n)	атол (м)	atol
Riff (n)	гробон (м)	greben
Koralle (f)	корал (м)	koral
Korallenriff (n)	корални гребен (м)	koralni greben
tief (Adj)	дубок	dubok
Tiefe (f)	дубина (ж)	dubina
Abgrund (m)	бездан (м)	bezdan
Graben (m)	ров (м)	rov

| Strom (m) | струја (ж) | struja |
| umspülen (vt) | окруживати | okruživati |

| Ufer (n) | обала (ж) | obala |
| Küste (f) | приморје (c) | primorje |

Flut (f)	плима (ж)	plima
Ebbe (f)	осека (ж)	oseka
Sandbank (f)	плићак (м)	plićak
Boden (m)	дно (c)	dno

Welle (f)	талас (м)	talas
Wellenkamm (m)	гребен (м) таласа	greben talasa
Schaum (m)	пена (ж)	pena

Sturm (m)	морска олуја (ж)	morska oluja
Orkan (m)	ураган (м)	uragan
Tsunami (m)	цунами (м)	cunami
Windstille (f)	безветрица (ж)	bezvetrica
ruhig	миран	miran

| Pol (m) | пол (м) | pol |
| Polar- | поларни | polarni |

Breite (f)	ширина (ж)	širina
Länge (f)	дужина (ж)	dužina
Parallele (f)	паралела (ж)	paralela
Äquator (m)	екватор (м)	ekvator

Himmel (m)	небо (c)	nebo
Horizont (m)	хоризонт (м)	horizont
Luft (f)	ваздух (м)	vazduh

Leuchtturm (m)	светионик (м)	svetionik
tauchen (vi)	ронити	roniti
versinken (vi)	потонути	potonuti
Schätze (pl)	благо (c)	blago

78. Namen der Meere und Ozeane

Atlantischer Ozean (m)	Атлантски океан (м)	Atlantski okean
Indischer Ozean (m)	Индијски океан (м)	Indijski okean
Pazifischer Ozean (m)	Тихи океан (м)	Tihi okean
Arktischer Ozean (m)	Северни Ледени океан (м)	Severni Ledeni okean

Schwarzes Meer (n)	Црно море (c)	Crno more
Rotes Meer (n)	Црвено море (c)	Crveno more
Gelbes Meer (n)	Жуто море (c)	Žuto more
Weißes Meer (n)	Бело море (c)	Belo more

Kaspisches Meer (n)	Каспијско море (с)	Kaspijsko more
Totes Meer (n)	Мртво море (с)	Mrtvo more
Mittelmeer (n)	Средоземно море (с)	Sredozemno more

| Ägäisches Meer (n) | Егејско море (с) | Egejsko more |
| Adriatisches Meer (n) | Јадранско море (с) | Jadransko more |

Arabisches Meer (n)	Арабијско море (с)	Arabijsko more
Japanisches Meer (n)	Јапанско море (с)	Japansko more
Beringmeer (n)	Берингово море (с)	Beringovo more
Südchinesisches Meer (n)	Јужно кинеско море (с)	Južno kinesko more

Korallenmeer (n)	Корално море (с)	Koralno more
Tasmansee (f)	Тасманово море (с)	Tasmanovo more
Karibisches Meer (n)	Карипско море (с)	Karipsko more

| Barentssee (f) | Баренцово море (с) | Barencovo more |
| Karasee (f) | Карско море (с) | Karsko more |

Nordsee (f)	Северно море (с)	Severno more
Ostsee (f)	Балтичко море (с)	Baltičko more
Nordmeer (n)	Норвешко море (с)	Norveško more

79. Berge

Berg (m)	планина (ж)	planina
Gebirgskette (f)	планински венац (м)	planinski venac
Bergrücken (m)	планински гребен (м)	planinski greben

Gipfel (m)	врх (м)	vrh
Spitze (f)	планиски врх (м)	planiski vrh
Bergfuß (m)	подножје (с)	podnožje
Abhang (m)	нагиб (м)	nagib

Vulkan (m)	вулкан (м)	vulkan
tätiger Vulkan (m)	активан вулкан (м)	aktivan vulkan
schlafender Vulkan (m)	угашени вулкан (м)	ugašeni vulkan

Ausbruch (m)	ерупција (ж)	erupcija
Krater (m)	кратер (м)	krater
Magma (n)	магма (ж)	magma
Lava (f)	лава (ж)	lava
glühend heiß (-e Lava)	усијан	usijan

Cañon (m)	кањон (м)	kanjon
Schlucht (f)	клисура (ж)	klisura
Spalte (f)	пукотина (ж)	pukotina
Abgrund (m) (steiler ~)	амбис (м), понор (м)	ambis, ponor
Gebirgspass (m)	превој (м)	prevoj
Plateau (n)	плато (с)	plato

| Fels (m) | литица (ж) | litica |
| Hügel (m) | брег (м) | breg |

Gletscher (m)	леденик (м)	ledenik
Wasserfall (m)	водопад (м)	vodopad
Geiser (m)	гејзер (м)	gejzer
See (m)	језеро (с)	jezero

Ebene (f)	равница (ж)	ravnica
Landschaft (f)	пејзаж (м)	pejzaž
Echo (n)	одјек (м)	odjek

Bergsteiger (m)	алпиниста (м)	alpinista
Kletterer (m)	алпиниста (м)	alpinista
bezwingen (vt)	освајати	osvajati
Aufstieg (m)	пењање (с)	penjanje

80. Namen der Berge

Alpen (pl)	Алпи (м мн)	Alpi
Montblanc (m)	Монблан (м)	Monblan
Pyrenäen (pl)	Пиринеји (м мн)	Pirineji

Karpaten (pl)	Карпати (м мн)	Karpati
Uralgebirge (n)	Урал (м)	Ural
Kaukasus (m)	Кавказ (м)	Kavkaz
Elbrus (m)	Елбрус (м)	Elbrus

Altai (m)	Алтај (м)	Altaj
Tian Shan (m)	Тјен Шан (м)	Tjen Šan
Pamir (m)	Памир (м)	Pamir
Himalaja (m)	Хималаји (м мн)	Himalaji
Everest (m)	Монт Еверест (м)	Mont Everest

| Anden (pl) | Анди (м мн) | Andi |
| Kilimandscharo (m) | Килиманџаро (с) | Kilimandžaro |

81. Flüsse

Fluss (m)	река (ж)	reka
Quelle (f)	извор (м)	izvor
Flussbett (n)	корито (с)	korito
Stromgebiet (n)	слив (м)	sliv
einmünden in …	уливати се	ulivati se

Nebenfluss (m)	притока (ж)	pritoka
Ufer (n)	обала (ж)	obala
Strom (m)	ток (м)	tok

| stromabwärts | низводно | nizvodno |
| stromaufwärts | узводно | uzvodno |

Überschwemmung (f)	поплава (ж)	poplava
Hochwasser (n)	поводањ (м)	povodanj
aus den Ufern treten	изливати се	izlivati se
überfluten (vt)	поплавити	poplaviti

| Sandbank (f) | плићак (м) | plićak |
| Stromschnelle (f) | брзаци (м мн) | brzaci |

Damm (m)	брана (ж)	brana
Kanal (m)	канал (м)	kanal
Stausee (m)	вештачко језеро (с)	veštačko jezero
Schleuse (f)	устава (ж)	ustava

Gewässer (n)	резервоар (м)	rezervoar
Sumpf (m), Moor (n)	мочвара (ж)	močvara
Marsch (f)	баруштина (ж)	baruština
Strudel (m)	вртлог (м)	vrtlog

Bach (m)	поток (м)	potok
Trink- (z.B. Trinkwasser)	питка	pitka
Süß- (Wasser)	слатка (вода)	slatka (voda)

| Eis (n) | лед (м) | led |
| zufrieren (vi) | смрзнути се | smrznuti se |

82. Namen der Flüsse

| Seine (f) | Сена (ж) | Sena |
| Loire (f) | Лоара (ж) | Loara |

Themse (f)	Темза (ж)	Temza
Rhein (m)	Рајна (ж)	Rajna
Donau (f)	Дунав (м)	Dunav

Wolga (f)	Волга (ж)	Volga
Don (m)	Дон (м)	Don
Lena (f)	Лена (ж)	Lena

Gelber Fluss (m)	Хуангхе (ж)	Huanghe
Jangtse (m)	Јангцекјанг (м)	Jangcekjang
Mekong (m)	Меконг (м)	Mekong
Ganges (m)	Ганг (м)	Gang

Nil (m)	Нил (м)	Nil
Kongo (m)	Конго (ж)	Kongo
Okavango (m)	Окаванго (ж)	Okavango
Sambesi (m)	Замбези (ж)	Zambezi

| Limpopo (m) | Лимпопо (ж) | Limpopo |
| Mississippi (m) | Мисисипи (ж) | Misisipi |

83. Wald

| Wald (m) | шума (ж) | šuma |
| Wald- | шумски | šumski |

Dickicht (n)	честар (м)	čestar
Gehölz (n)	шумарак (м)	šumarak
Lichtung (f)	пропланак (м)	proplanak

| Dickicht (n) | шипраг (м) | šiprag |
| Gebüsch (n) | шипражје (с) | šipražje |

| Fußweg (m) | стаза (ж) | staza |
| Schlucht (f) | јаруга (ж) | jaruga |

Baum (m)	дрво (с)	drvo
Blatt (n)	лист (м)	list
Laub (n)	лишће (с)	lišće

Laubfall (m)	листопад (м)	listopad
fallen (vi) (Blätter)	опадати	opadati
Wipfel (m)	врх (м)	vrh

Zweig (m)	грана (ж)	grana
Ast (m)	чвор (м)	čvor
Knospe (f)	пупољак (м)	pupoljak
Nadel (f)	иглица (ж)	iglica
Zapfen (m)	шишарка (ж)	šišarka

Höhlung (f)	дупља (ж)	duplja
Nest (n)	гнездо (с)	gnezdo
Höhle (f)	јазбина (ж), рупа (ж)	jazbina, rupa

Stamm (m)	стабло (с)	stablo
Wurzel (f)	корен (м)	koren
Rinde (f)	кора (ж)	kora
Moos (n)	маховина (ж)	mahovina

roden (vt)	крчити	krčiti
fällen (vt)	сећи	seći
abholzen (vt)	крчити шуму	krčiti šumu
Baumstumpf (m)	пањ (м)	panj

Lagerfeuer (n)	логорска ватра (ж)	logorska vatra
Waldbrand (m)	шумски пожар (м)	šumski požar
löschen (vt)	гасити	gasiti
Förster (m)	шумар (м)	šumar

Schutz (m)	заштита (ж)	zaštita
beschützen (vt)	штитити	štititi
Wilddieb (m)	ловокрадица (м)	lovokradica
Falle (f)	клопка (ж)	klopka

| sammeln, pflücken (vt) | брати | brati |
| sich verirren | залутати | zalutati |

84. natürliche Lebensgrundlagen

Naturressourcen (pl)	природна богатства (с мн)	prirodna bogatstva
Bodenschätze (pl)	руде (с мн)	rude
Vorkommen (n)	лежишта (с мн)	ležišta
Feld (n) (Ölfeld usw.)	налазиште (с)	nalazište

gewinnen (vt)	рударити	rudariti
Gewinnung (f)	рударство (с)	rudarstvo
Erz (n)	руда (ж)	ruda
Bergwerk (n)	рудник (м)	rudnik
Schacht (m)	рударско окно (с)	rudarsko okno
Bergarbeiter (m)	рудар (м)	rudar

| Erdgas (n) | плин (м) | plin |
| Gasleitung (f) | плиновод (м) | plinovod |

Erdöl (n)	нафта (ж)	nafta
Erdölleitung (f)	нафтовод (м)	naftovod
Ölquelle (f)	нафтна бушотина (ж)	naftna bušotina
Bohrturm (m)	нафтна платформа (ж)	naftna platforma
Tanker (m)	танкер (м)	tanker

Sand (m)	песак (м)	pesak
Kalkstein (m)	кречњак (м)	krečnjak
Kies (m)	шљунак (м)	šljunak
Torf (m)	тресет (м)	treset
Ton (m)	глина (ж)	glina
Kohle (f)	угаљ (м)	ugalj

Eisen (n)	гвожђе (с)	gvožđe
Gold (n)	злато (с)	zlato
Silber (n)	сребро (с)	srebro
Nickel (n)	никл (м)	nikl
Kupfer (n)	бакар (м)	bakar

Zink (n)	цинк (м)	cink
Mangan (n)	манган (м)	mangan
Quecksilber (n)	жива (ж)	živa
Blei (n)	олово (с)	olovo
Mineral (n)	минерал (м)	mineral

Kristall (m)	кристал (м)	kristal
Marmor (m)	мермер (м)	mermer
Uran (n)	уран (м)	uran

85. Wetter

Wetter (n)	време (с)	vreme
Wetterbericht (m)	временска прогноза (ж)	vremenska prognoza
Temperatur (f)	температура (ж)	temperatura
Thermometer (n)	термометар (м)	termometar
Barometer (n)	барометар (м)	barometar

feucht	влажан	vlažan
Feuchtigkeit (f)	влажност (ж)	vlažnost
Hitze (f)	вручина (ж)	vrućina
glutheiß	вруч	vruć
ist heiß	вруче је	vruće je

| ist warm | топло је | toplo je |
| warm (Adj) | топао | topao |

| ist kalt | хладно је | hladno je |
| kalt (Adj) | хладан | hladan |

Sonne (f)	сунце (с)	sunce
scheinen (vi)	сијати	sijati
sonnig (Adj)	сунчан	sunčan
aufgehen (vi)	изачи	izaći
untergehen (vi)	зачи	zaći

Wolke (f)	облак (м)	oblak
bewölkt, wolkig	облачан	oblačan
Regenwolke (f)	кишни облак (м)	kišni oblak
trüb (-er Tag)	тмуран	tmuran

Regen (m)	киша (ж)	kiša
Es regnet	пада киша	pada kiša
regnerisch (-er Tag)	кишовит	kišovit
nieseln (vi)	сипити	sipiti

strömender Regen (m)	јака киша (ж)	jaka kiša
Regenschauer (m)	пљусак (м)	pljusak
stark (-er Regen)	јак	jak
Pfütze (f)	бара (ж)	bara
nass werden (vi)	покиснути	pokisnuti

Nebel (m)	магла (ж)	magla
neblig (-er Tag)	магловит	maglovit
Schnee (m)	снег (м)	sneg
Es schneit	пада снег	pada sneg

86. Unwetter Naturkatastrophen

Gewitter (n)	олуја (ж)	oluja
Blitz (m)	муња (ж)	munja
blitzen (vi)	севати	sevati
Donner (m)	гром (м)	grom
donnern (vi)	грмети	grmeti
Es donnert	грми	grmi
Hagel (m)	град (м)	grad
Es hagelt	пада град	pada grad
überfluten (vt)	поплавити	poplaviti
Überschwemmung (f)	поплава (ж)	poplava
Erdbeben (n)	земљотрес (м)	zemljotres
Erschütterung (f)	потрес (м)	potres
Epizentrum (n)	епицентар (м)	epicentar
Ausbruch (m)	ерупција (ж)	erupcija
Lava (f)	лава (ж)	lava
Wirbelsturm (m)	пијавица (ж)	pijavica
Tornado (m)	торнадо (м)	tornado
Taifun (m)	тајфун (м)	tajfun
Orkan (m)	ураган (м)	uragan
Sturm (m)	олуја (ж)	oluja
Tsunami (m)	цунами (м)	cunami
Zyklon (m)	циклон (м)	ciklon
Unwetter (n)	невреме (с)	nevreme
Brand (m)	пожар (м)	požar
Katastrophe (f)	катастрофа (ж)	katastrofa
Meteorit (m)	метеорит (м)	meteorit
Lawine (f)	лавина (ж)	lavina
Schneelawine (f)	усов (м)	usov
Schneegestöber (n)	мећава (ж)	mećava
Schneesturm (m)	вејавица (ж)	vejavica

T&P BOOKS

FAUNA

T&P Books Publishing

87. Säugetiere. Raubtiere

Raubtier (n)	грабљивац (м)	grabljivac
Tiger (m)	тигар (м)	tigar
Löwe (m)	лав (м)	lav
Wolf (m)	вук (м)	vuk
Fuchs (m)	лисица (ж)	lisica
Jaguar (m)	јагуар (м)	jaguar
Leopard (m)	леопард (м)	leopard
Gepard (m)	гепард (м)	gepard
Panther (m)	пантер (м)	panter
Puma (m)	пума (ж)	puma
Schneeleopard (m)	снежни леопард (м)	snežni leopard
Luchs (m)	рис (м)	ris
Kojote (m)	којот (м)	kojot
Schakal (m)	шакал (м)	šakal
Hyäne (f)	хијена (ж)	hijena

88. Tiere in freier Wildbahn

Tier (n)	животиња (ж)	životinja
Bestie (f)	зверка (ж)	zverka
Eichhörnchen (n)	веверица (ж)	veverica
Igel (m)	јеж (м)	jež
Hase (m)	зец (м)	zec
Kaninchen (n)	кунић (м)	kunić
Dachs (m)	јазавац (м)	jazavac
Waschbär (m)	ракун (м)	rakun
Hamster (m)	хрчак (м)	hrčak
Murmeltier (n)	мрмот (м)	mrmot
Maulwurf (m)	кртица (ж)	krtica
Maus (f)	миш (м)	miš
Ratte (f)	пацов (м)	pacov
Fledermaus (f)	слепи миш (м)	slepi miš
Hermelin (n)	хермелин (м)	hermelin
Zobel (m)	самур (м)	samur
Marder (m)	куна (ж)	kuna

Wiesel (n)	ласица (ж)	lasica
Nerz (m)	нерц (м)	nerc
Biber (m)	дабар (м)	dabar
Fischotter (m)	видра (ж)	vidra
Pferd (n)	коњ (м)	konj
Elch (m)	лос (м)	los
Hirsch (m)	јелен (м)	jelen
Kamel (n)	камила (ж)	kamila
Bison (m)	бизон (м)	bizon
Wisent (m)	зубар (м)	zubar
Büffel (m)	бивол (м)	bivol
Zebra (n)	зебра (ж)	zebra
Antilope (f)	антилопа (ж)	antilopa
Reh (n)	срна (ж)	srna
Damhirsch (m)	јелен лопатар (м)	jelen lopatar
Gämse (f)	дивокоза (ж)	divokoza
Wildschwein (n)	дивља свиња (ж), вепар (м)	divlja svinja, vepar
Wal (m)	кит (м)	kit
Seehund (m)	фока (ж)	foka
Walroß (n)	морж (м)	morž
Seebär (m)	северна фока (ж)	severna foka
Delfin (m)	делфин (м)	delfin
Bär (m)	медвед (м)	medved
Eisbär (m)	бели медвед (м)	beli medved
Panda (m)	панда (ж)	panda
Affe (m)	мајмун (м)	majmun
Schimpanse (m)	шимпанза (ж)	šimpanza
Orang-Utan (m)	орангутан (м)	orangutan
Gorilla (m)	горила (ж)	gorila
Makak (m)	макаки (м)	makaki
Gibbon (m)	гибон (м)	gibon
Elefant (m)	слон (м)	slon
Nashorn (n)	носорог (м)	nosorog
Giraffe (f)	жирафа (ж)	žirafa
Flusspferd (n)	нилски коњ (м)	nilski konj
Känguru (n)	кенгур (м)	kengur
Koala (m)	коала (ж)	koala
Manguste (f)	мунгос (м)	mungos
Chinchilla (n)	чинчила (ж)	činčila
Skunk (m)	твор (м)	tvor
Stachelschwein (n)	дикобраз (м)	dikobraz

89. Haustiere

Katze (f)	мачка (ж)	mačka
Kater (m)	мачак (м)	mačak
Hund (m)	пас (м)	pas
Pferd (n)	коњ (м)	konj
Hengst (m)	ждребац (м)	ždrebac
Stute (f)	кобила (ж)	kobila
Kuh (f)	крава (ж)	krava
Stier (m)	бик (м)	bik
Ochse (m)	во (м)	vo
Schaf (n)	овца (ж)	ovca
Hammel (m)	ован (м)	ovan
Ziege (f)	коза (ж)	koza
Ziegenbock (m)	јарац (м)	jarac
Esel (m)	магарац (м)	magarac
Maultier (n)	мазга (ж)	mazga
Schwein (n)	свиња (ж)	svinja
Ferkel (n)	прасе (с)	prase
Kaninchen (n)	куниħ, домаħи зец (м)	kunić, domaći zec
Huhn (n)	кокош (ж)	kokoš
Hahn (m)	певац (м)	pevac
Ente (f)	патка (ж)	patka
Enterich (m)	патак (м)	patak
Gans (f)	гуска (ж)	guska
Puter (m)	ħуран (м)	ćuran
Pute (f)	ħурка (ж)	ćurka
Haustiere (pl)	домаħе животиње (ж мн)	domaće životinje
zahm	питом	pitom
zähmen (vt)	припитомљавати	pripitomljavati
züchten (vt)	узгајати	uzgajati
Farm (f)	фарма (ж)	farma
Geflügel (n)	живина (ж)	živina
Vieh (n)	стока (ж)	stoka
Herde (f)	стадо (с)	stado
Pferdestall (m)	штала (ж)	štala
Schweinestall (m)	свињац (м)	svinjac
Kuhstall (m)	стаја (ж)	staja
Kaninchenstall (m)	зечињак (м)	zečinjak
Hühnerstall (m)	кокошињац (м)	kokošinjac

90. Vögel

Vogel (m)	птица (ж)	ptica
Taube (f)	голуб (м)	golub
Spatz (m)	врабац (м)	vrabac
Meise (f)	сеница (ж)	senica
Elster (f)	сврака (ж)	svraka
Rabe (m)	гавран (м)	gavran
Krähe (f)	врана (ж)	vrana
Dohle (f)	чавка (ж)	čavka
Saatkrähe (f)	гачац (м)	gačac
Ente (f)	патка (ж)	patka
Gans (f)	гуска (ж)	guska
Fasan (m)	фазан (м)	fazan
Adler (m)	орао (м)	orao
Habicht (m)	јастреб (м)	jastreb
Falke (m)	соко (м)	soko
Greif (m)	суп (м)	sup
Kondor (m)	кондор (м)	kondor
Schwan (m)	лабуд (м)	labud
Kranich (m)	ждрал (м)	ždral
Storch (m)	рода (ж)	roda
Papagei (m)	папагај (м)	papagaj
Kolibri (m)	колибри (ж)	kolibri
Pfau (m)	паун (м)	paun
Strauß (m)	ној (м)	noj
Reiher (m)	чапља (ж)	čaplja
Flamingo (m)	фламинго (м)	flamingo
Pelikan (m)	пеликан (м)	pelikan
Nachtigall (f)	славуј (м)	slavuj
Schwalbe (f)	ластавица (ж)	lastavica
Drossel (f)	дрозд (м)	drozd
Singdrossel (f)	дрозд певач (м)	drozd pevač
Amsel (f)	кос (м)	kos
Segler (m)	брегуница (ж)	bregunica
Lerche (f)	шева (ж)	ševa
Wachtel (f)	препелица (ж)	prepelica
Specht (m)	детлић (м)	detlić
Kuckuck (m)	кукавица (ж)	kukavica
Eule (f)	сова (ж)	sova
Uhu (m)	совуљага (ж)	sovuljaga

Auerhahn (m)	велики тетреб (м)	veliki tetreb
Birkhahn (m)	мали тетреб (м)	mali tetreb
Rebhuhn (n)	јаребица (ж)	jarebica

Star (m)	чворак (м)	čvorak
Kanarienvogel (m)	канаринац (м)	kanarinac
Haselhuhn (n)	лештарка (ж)	leštarka
Buchfink (m)	зеба (ж)	zeba
Gimpel (m)	зимовка (ж)	zimovka

Möwe (f)	галеб (м)	galeb
Albatros (m)	албатрос (м)	albatros
Pinguin (m)	пингвин (м)	pingvin

91. Fische. Meerestiere

Brachse (f)	деверика (ж)	deverika
Karpfen (m)	шаран (м)	šaran
Barsch (m)	гргеч (м)	grgeč
Wels (m)	сом (м)	som
Hecht (m)	штука (ж)	štuka

| Lachs (m) | лосос (м) | losos |
| Stör (m) | јесетра (ж) | jesetra |

Hering (m)	харинга (ж)	haringa
atlantische Lachs (m)	атлантски лосос (м)	atlantski losos
Makrele (f)	скуша (ж)	skuša
Scholle (f)	риба-лист (ж)	riba-list

Zander (m)	смуђ (м)	smuđ
Dorsch (m)	бакалар (м)	bakalar
Tunfisch (m)	туњ (м)	tunj
Forelle (f)	пастрмка (ж)	pastrmka

Aal (m)	јегуља (ж)	jegulja
Zitterrochen (m)	трновка (ж)	trnovka
Muräne (f)	мурина (ж)	murina
Piranha (m)	пирана (ж)	pirana

Hai (m)	ајкула (ж)	ajkula
Delfin (m)	делфин (м)	delfin
Wal (m)	кит (м)	kit

Krabbe (f)	морски рак (м)	morski rak
Meduse (f)	медуза (ж)	meduza
Krake (m)	хоботница (ж)	hobotnica

| Seestern (m) | морска звезда (ж) | morska zvezda |
| Seeigel (m) | морски јеж (м) | morski jež |

Seepferdchen (n)	морски коњић (м)	morski konjić
Auster (f)	острига (ж)	ostriga
Garnele (f)	морски рачић (м)	morski račić
Hummer (m)	хлап (м)	hlap
Languste (f)	лангуст, јастог (м)	langust, jastog

92. Amphibien Reptilien

| Schlange (f) | змија (ж) | zmija |
| Gift-, giftig | отрован | otrovan |

Viper (f)	поскок (м)	poskok
Kobra (f)	кобра (ж)	kobra
Python (m)	питон (м)	piton
Boa (f)	удав (м)	udav

Ringelnatter (f)	белоушка (ж)	belouška
Klapperschlange (f)	звечарка (ж)	zvečarka
Anakonda (f)	анаконда (ж)	anakonda

Eidechse (f)	гуштер (м)	gušter
Leguan (m)	игуана (ж)	iguana
Waran (m)	варан (м)	varan
Salamander (m)	даждевњак (м)	daždevnjak
Chamäleon (n)	камелеон (м)	kameleon
Skorpion (m)	шкорпија (ж)	škorpija

Schildkröte (f)	корњача (ж)	kornjača
Frosch (m)	жаба (ж)	žaba
Kröte (f)	крастача (ж)	krastača
Krokodil (n)	крокодил (м)	krokodil

93. Insekten

Insekt (n)	инсект (м)	insekt
Schmetterling (m)	лептир (м)	leptir
Ameise (f)	мрав (м)	mrav
Fliege (f)	мува (ж)	muva
Mücke (f)	комарац (м)	komarac
Käfer (m)	буба (ж)	buba

Wespe (f)	оса (ж)	osa
Biene (f)	пчела (ж)	pčela
Hummel (f)	бумбар (м)	bumbar
Bremse (f)	обад (м)	obad

| Spinne (f) | паук (м) | pauk |
| Spinnennetz (n) | паучина (ж) | paučina |

Libelle (f)	вилин коњиц (м)	vilin konjic
Grashüpfer (m)	скакавац (м)	skakavac
Schmetterling (m)	лептирица (ж)	leptirica
Schabe (f)	бубашваба (ж)	bubašvaba
Zecke (f)	крпељ (м)	krpelj
Floh (m)	бува (ж)	buva
Kriebelmücke (f)	мушица (ж)	mušica
Heuschrecke (f)	миграторни скакавац (м)	migratorni skakavac
Schnecke (f)	пуж (м)	puž
Heimchen (n)	цврчак (м)	cvrčak
Leuchtkäfer (m)	свитац (м)	svitac
Marienkäfer (m)	бубамара (ж)	bubamara
Maikäfer (m)	гундељ (м)	gundelj
Blutegel (m)	пијавица (ж)	pijavica
Raupe (f)	гусеница (ж)	gusenica
Wurm (m)	црв (м)	crv
Larve (f)	ларва (ж)	larva

T&P BOOKS

FLORA

T&P Books Publishing

Baum (m)	дрво (c)	drvo
Laub-	листопадно	listopadno
Nadel-	четинарско	četinarsko
immergrün	зимзелено	zimzeleno

Apfelbaum (m)	јабука (ж)	jabuka
Birnbaum (m)	крушка (ж)	kruška
Süßkirschbaum (m)	трешња (ж)	trešnja
Sauerkirschbaum (m)	вишња (ж)	višnja
Pflaumenbaum (m)	шљива (ж)	šljiva

Birke (f)	бреза (ж)	breza
Eiche (f)	храст (м)	hrast
Linde (f)	липа (ж)	lipa
Espe (f)	јасика (ж)	jasika
Ahorn (m)	јавор (м)	javor

Fichte (f)	јела (ж)	jela
Kiefer (f)	бор (м)	bor
Lärche (f)	ариш (м)	ariš

| Tanne (f) | јела (ж) | jela |
| Zeder (f) | кедар (м) | kedar |

| Pappel (f) | топола (ж) | topola |
| Vogelbeerbaum (m) | оскоруша (ж) | oskoruša |

| Weide (f) | врба (ж) | vrba |
| Erle (f) | јова (ж) | jova |

| Buche (f) | буква (ж) | bukva |
| Ulme (f) | брест (м) | brest |

| Esche (f) | јасен (м) | jasen |
| Kastanie (f) | кестен (м) | kesten |

Magnolie (f)	магнолија (ж)	magnolija
Palme (f)	палма (ж)	palma
Zypresse (f)	чемпрес (м)	čempres

Mangrovenbaum (m)	мангров (м)	mangrov
Baobab (m)	баобаб (м)	baobab
Eukalyptus (m)	еукалиптус (м)	eukaliptus
Mammutbaum (m)	секвоја (ж)	sekvoja

95. Büsche

Strauch (m)	грм (м)	grm
Gebüsch (n)	жбун (м)	žbun
Weinstock (m)	винова лоза (ж)	vinova loza
Weinberg (m)	виноград (м)	vinograd
Himbeerstrauch (m)	малина (ж)	malina
schwarze Johannisbeere (f)	црна рибизла (ж)	crna ribizla
rote Johannisbeere (f)	црвена рибизла (ж)	crvena ribizla
Stachelbeerstrauch (m)	огрозд (м)	ogrozd
Akazie (f)	багрем (м)	bagrem
Berberitze (f)	жутика, шимширика (ж)	žutika, šimširika
Jasmin (m)	јасмин (м)	jasmin
Wacholder (m)	клека (ж)	kleka
Rosenstrauch (m)	ружа (ж)	ruža
Heckenrose (f)	шипак (м)	šipak

96. Obst. Beeren

Frucht (f)	воћка (ж)	voćka
Früchte (pl)	воће (с мн)	voće
Apfel (m)	јабука (ж)	jabuka
Birne (f)	крушка (ж)	kruška
Pflaume (f)	шљива (ж)	šljiva
Erdbeere (f)	јагода (ж)	jagoda
Sauerkirsche (f)	вишња (ж)	višnja
Herzkirsche (f)	трешња (ж)	trešnja
Weintrauben (pl)	грожђе (с)	grožđe
Himbeere (f)	малина (ж)	malina
schwarze Johannisbeere (f)	црна рибизла (ж)	crna ribizla
rote Johannisbeere (f)	црвена рибизла (ж)	crvena ribizla
Stachelbeere (f)	огрозд (м)	ogrozd
Moosbeere (f)	маховница (ж)	mahovnica
Apfelsine (f)	поморанџа (ж)	pomorandža
Mandarine (f)	мандарина (ж)	mandarina
Ananas (f)	ананас (м)	ananas
Banane (f)	банана (ж)	banana
Dattel (f)	урма (ж)	urma
Zitrone (f)	лимун (м)	limun
Aprikose (f)	кајсија (ж)	kajsija

Pfirsich (m)	бресква (ж)	breskva
Kiwi (f)	киви (м)	kivi
Grapefruit (f)	грејпфрут (м)	grejpfrut

Beere (f)	бобица (ж)	bobica
Beeren (pl)	бобице (ж мн)	bobice
Preiselbeere (f)	брусница (ж)	brusnica
Walderdbeere (f)	шумска јагода (ж)	šumska jagoda
Heidelbeere (f)	боровница (ж)	borovnica

97. Blumen. Pflanzen

| Blume (f) | цвет (м) | cvet |
| Blumenstrauß (m) | букет (ж) | buket |

Rose (f)	ружа (ж)	ruža
Tulpe (f)	лала (ж), тулипан (м)	lala, tulipan
Nelke (f)	каранфил (м)	karanfil
Gladiole (f)	гладиола (ж)	gladiola

Kornblume (f)	различак (м)	različak
Glockenblume (f)	звонце (с)	zvonce
Löwenzahn (m)	маслачак (м)	maslačak
Kamille (f)	камилица (ж)	kamilica

Aloe (f)	алоја (ж)	aloja
Kaktus (m)	кактус (м)	kaktus
Gummibaum (m)	фикус (м)	fikus

Lilie (f)	љиљан (м)	ljiljan
Geranie (f)	здравац (м)	zdravac
Hyazinthe (f)	зумбул (м)	zumbul

Mimose (f)	мимоза (ж)	mimoza
Narzisse (f)	нарцис (м)	narcis
Kapuzinerkresse (f)	драгољуб (м)	dragoljub

Orchidee (f)	орхидеја (ж)	orhideja
Pfingstrose (f)	божур (м)	božur
Veilchen (n)	љубичица (ж)	ljubičica

Stiefmütterchen (n)	дан и ноћ (м)	dan i noć
Vergissmeinnicht (n)	споменак (м)	spomenak
Gänseblümchen (n)	бела рада (ж), красуљак (м)	bela rada, krasuljak

Mohn (m)	мак (м)	mak
Hanf (m)	конопља (ж)	konoplja
Minze (f)	нана (ж), метвица (ж)	nana, metvica
Maiglöckchen (n)	ђурђевак (м)	đurđevak

Schneeglöckchen (n)	висибаба (ж)	visibaba
Brennnessel (f)	коприва (ж)	kopriva
Sauerampfer (m)	кисељак (м)	kiseljak
Seerose (f)	локвањ (м)	lokvanj
Farn (m)	папрат (м)	paprat
Flechte (f)	лишај (м)	lišaj

Gewächshaus (n)	стаклена башта (ж)	staklena bašta
Rasen (m)	травњак (м)	travnjak
Beet (n)	цветна леја (ж)	cvetna leja

Pflanze (f)	биљка (ж)	biljka
Gras (n)	трава (ж)	trava
Grashalm (m)	травчица (ж)	travčica

Blatt (n)	лист (м)	list
Kelchblatt (n)	латица (ж)	latica
Stiel (m)	стабло (с)	stablo
Knolle (f)	кртола (ж)	krtola

| Jungpflanze (f) | изданак (м) | izdanak |
| Dorn (m) | трн (м) | trn |

blühen (vi)	цветати	cvetati
welken (vi)	венути	venuti
Geruch (m)	мирис (м)	miris
abschneiden (vt)	одсећи	odseći
pflücken (vt)	убрати	ubrati

98. Getreide, Körner

Getreide (n)	зрно (с)	zrno
Getreidepflanzen (pl)	житарице (ж мн)	žitarice
Ähre (f)	клас (м)	klas

Weizen (m)	пшеница (ж)	pšenica
Roggen (m)	раж (ж)	raž
Hafer (m)	овас (м)	ovas
Hirse (f)	просо (с)	proso
Gerste (f)	јечам (м)	ječam

Mais (m)	кукуруз (м)	kukuruz
Reis (m)	пиринач (м)	pirinač
Buchweizen (m)	хељда (ж)	heljda

Erbse (f)	грашак (м)	grašak
weiße Bohne (f)	пасуљ (м)	pasulj
Sojabohne (f)	соја (ж)	soja
Linse (f)	сочиво (с)	sočivo
Bohnen (pl)	махунарке (ж мн)	mahunarke

LÄNDER DER WELT

T&P Books Publishing

Afghanistan	**Авганистан** (м)	Avganistan
Ägypten	**Египат** (м)	Egipat
Albanien	**Албанија** (ж)	Albanija
Argentinien	**Аргентина** (ж)	Argentina
Armenien	**Јерменија** (ж)	Jermenija
Aserbaidschan	**Азербејџан** (м)	Azerbejdžan
Australien	**Аустралија** (ж)	Australija
Bangladesch	**Бангладеш** (м)	Bangladeš
Belgien	**Белгија** (ж)	Belgija
Bolivien	**Боливија** (ж)	Bolivija
Bosnien und Herzegowina	**Босна и Херцеговина** (ж)	Bosna i Hercegovina
Brasilien	**Бразил** (м)	Brazil
Bulgarien	**Бугарска** (ж)	Bugarska
Chile	**Чиле** (м)	Čile
China	**Кина** (ж)	Kina
Dänemark	**Данска** (ж)	Danska
Deutschland	**Немачка** (ж)	Nemačka
Die Bahamas	**Бахами** (с мн)	Bahami
Die Vereinigten Staaten	**Сједињене Американке Државе** (ж мн)	Sjedinjene Američke Države
Dominikanische Republik	**Доминиканска република** (ж)	Dominikanska republika
Ecuador	**Еквадор** (м)	Ekvador
England	**Енглеска** (ж)	Engleska
Estland	**Естонија** (ж)	Estonija
Finnland	**Финска** (ж)	Finska
Frankreich	**Француска** (ж)	Francuska
Französisch-Polynesien	**Француска Полинезија** (ж)	Francuska Polinezija
Georgien	**Грузија** (ж)	Gruzija
Ghana	**Гана** (ж)	Gana
Griechenland	**Грчка** (ж)	Grčka
Großbritannien	**Велика Британија** (ж)	Velika Britanija
Haiti	**Хаити** (м)	Haiti
Indien	**Индија** (ж)	Indija
Indonesien	**Индонезија** (ж)	Indonezija
Irak	**Ирак** (м)	Irak
Iran	**Иран** (м)	Iran
Irland	**Ирска** (ж)	Irska

Island	Исланд (м)	Island
Israel	Израел (м)	Izrael
Italien	Италија (ж)	Italija

100. Länder. Teil 2

Jamaika	Јамајка (ж)	Jamajka
Japan	Јапан (м)	Japan
Jordanien	Јордан (м)	Jordan

Kambodscha	Камбоџа (ж)	Kambodža
Kanada	Канада (ж)	Kanada
Kasachstan	Казахстан (м)	Kazahstan
Kenia	Кенија (ж)	Kenija
Kirgisien	Киргистан (м)	Kirgistan
Kolumbien	Колумбија (ж)	Kolumbija
Kroatien	Хрвастка (ж)	Hrvastka

| Kuba | Куба (ж) | Kuba |
| Kuwait | Кувајт (м) | Kuvajt |

Laos	Лаос (м)	Laos
Lettland	Летонија (ж)	Letonija
Libanon (m)	Либан (м)	Liban
Libyen	Либија (ж)	Libija
Liechtenstein	Лихтенштајн (м)	Lihtenštajn

| Litauen | Литванија (ж) | Litvanija |
| Luxemburg | Луксембург (м) | Luksemburg |

Madagaskar	Мадагаскар (м)	Madagaskar
Makedonien	Македонија (ж)	Makedonija
Malaysia	Малејзија (ж)	Malejzija
Malta	Малта (ж)	Malta
Marokko	Мароко (м)	Maroko
Mexiko	Мексико (м)	Meksiko
Moldawien	Молдавија (ж)	Moldavija
Monaco	Монако (м)	Monako
Mongolei (f)	Монголија (ж)	Mongolija

| Montenegro | Црна Гора (ж) | Crna Gora |
| Myanmar | Мијанмар (м) | Mijanmar |

Namibia	Намибија (ж)	Namibija
Nepal	Непал (м)	Nepal
Neuseeland	Нови Зеланд (м)	Novi Zeland
Niederlande (f)	Холандија (ж)	Holandija
Nordkorea	Северна Кореја (ж)	Severna Koreja
Norwegen	Норвешка (ж)	Norveška
Österreich	Аустрија (ж)	Austrija

101. Länder. Teil 3

Pakistan	Пакистан (м)	Pakistan
Palästina	Палестина (ж)	Palestina
Panama	Панама (ж)	Panama
Paraguay	Парагвај (м)	Paragvaj
Peru	Перу (м)	Peru
Polen	Пољска (ж)	Poljska
Portugal	Португалија (ж)	Portugalija
Republik Südafrika	Јужноафричка република (ж)	Južnoafrička republika
Rumänien	Румунија (ж)	Rumunija
Russland	Русија (ж)	Rusija
Sansibar	Занзибар (м)	Zanzibar
Saudi-Arabien	Саудијска Арабија (ж)	Saudijska Arabija
Schottland	Шкотска (ж)	Škotska
Schweden	Шведска (ж)	Švedska
Schweiz (f)	Швајцарска (ж)	Švajcarska
Senegal	Сенегал (м)	Senegal
Serbien	Србија (ж)	Srbija
Slowakei (f)	Словачка (ж)	Slovačka
Slowenien	Словенија (ж)	Slovenija
Spanien	Шпанија (ж)	Španija
Südkorea	Јужна Кореја (ж)	Južna Koreja
Suriname	Суринам (м)	Surinam
Syrien	Сирија (ж)	Sirija
Tadschikistan	Таџикистан (м)	Tadžikistan
Taiwan	Тајван (м)	Tajvan
Tansania	Танзанија (ж)	Tanzanija
Tasmanien	Тасманија (ж)	Tasmanija
Thailand	Тајланд (м)	Tajland
Tschechien	Чешка република (ж)	Češka republika
Tunesien	Тунис (м)	Tunis
Türkei (f)	Турска (ж)	Turska
Turkmenistan	Туркменистан (м)	Turkmenistan
Ukraine (f)	Украјина (ж)	Ukrajina
Ungarn	Мађарска (ж)	Mađarska
Uruguay	Уругвај (м)	Urugvaj
Usbekistan	Узбекистан (м)	Uzbekistan
Vatikan (m)	Ватикан (м)	Vatikan
Venezuela	Венецуела (ж)	Venecuela
Vereinigten Arabischen Emirate	Уједињени Арапски Емирати (м мн)	Ujedinjeni Arapski Emirati
Vietnam	Вијетнам (м)	Vijetnam
Weißrussland	Белорусија (ж)	Belorusija
Zypern	Кипар (м)	Kipar

T&P BOOKS

GASTRONOMISCHES WÖRTERBUCH

Dieser Teil beinhaltet viele Wörter und Begriffe im Zusammenhang mit Lebensmitteln.
Dieses Wörterbuch wird es einfacher für Sie machen, um das Menü in einem Restaurant zu verstehen und die richtige Speise zu wählen

T&P Books Publishing

Ähre (f)	клас (м)	klas
Aal (m)	јегуља (ж)	jegulja
Abendessen (n)	вечера (ж)	večera
alkoholfrei	безалкохолан	bezalkoholan
alkoholfreies Getränk (n)	безалкохолано пиће (с)	bezalkoholano piće
Ananas (f)	ананас (м)	ananas
Anis (m)	анис (м)	anis
Aperitif (m)	аперитив (м)	aperitiv
Apfel (m)	јабука (ж)	jabuka
Apfelsine (f)	наранџа (ж)	narandža
Appetit (m)	апетит (м)	apetit
Aprikose (f)	кајсија (ж)	kajsija
Artischocke (f)	артичока (ж)	artičoka
atlantische Lachs (m)	атлантски лосос (м)	atlantski losos
Aubergine (f)	плави патлиџан (м)	plavi patlidžan
Auster (f)	острига (ж)	ostriga
Avocado (f)	авокадо (м)	avokado
Banane (f)	банана (ж)	banana
Bar (f)	бар (м)	bar
Barmixer (m)	бармен (м)	barmen
Barsch (m)	гргеч (м)	grgeč
Basilikum (n)	босиљак (м)	bosiljak
Beefsteak (n)	бифтек (м)	biftek
Beere (f)	бобица (ж)	bobica
Beeren (pl)	бобице (ж мн)	bobice
Beigeschmack (m)	паукус (м)	paukus
Beilage (f)	прилог (м)	prilog
belegtes Brot (n)	сендвич (м)	sendvič
Bier (n)	пиво (с)	pivo
Birkenpilz (m)	брезов дед (м)	brezov ded
Birne (f)	крушка (ж)	kruška
bitter	горак	gorak
Blumenkohl (m)	карфиол (м)	karfiol
Bohnen (pl)	махунарке (ж мн)	mahunarke
Bonbon (m, n)	бомбона (ж)	bombona
Brühe (f), Bouillon (f)	буљон (м)	buljon
Brachse (f)	деверика (ж)	deverika
Brei (m)	каша (ж)	kaša
Brokkoli (m)	броколи (м)	brokoli
Brombeere (f)	купина (ж)	kupina
Brot (n)	хлеб (м)	hleb
Buchweizen (m)	хељда (ж)	heljda
Butter (f)	маслац (м)	maslac
Buttercreme (f)	крем (м)	krem

Cappuccino (m)	капућино (м)	kapućino
Champagner (m)	шампањац (м)	šampanjac
Cocktail (m)	коктел (м)	koktel
Dattel (f)	урма (ж)	urma
Diät (f)	дијета (ж)	dijeta
Dill (m)	мирођија (ж)	mirođija
Dorsch (m)	бакалар (м)	bakalar
Dosenöffner (m)	отварач (м)	otvarač
Dunkelbier (n)	тамно пиво (с)	tamno pivo
Ei (n)	jаjе (с)	jaje
Eier (pl)	jаjа (с мн)	jaja
Eigelb (n)	жуманце (с)	žumance
Eis (n)	лед (м)	led
Eis (n)	сладолед (м)	sladoled
Eiweiß (n)	беланце (с)	belance
Ente (f)	патка (ж)	patka
Erbse (f)	грашак (м)	grašak
Erdbeere (f)	jагода (ж)	jagoda
Erdnuss (f)	кикирики (м)	kikiriki
Erfrischungsgetränk (n)	освежавајуће пиће (с)	osvežavajuće piće
essbarer Pilz (m)	jестива печурка (ж)	jestiva pečurka
Essen (n)	храна (ж)	hrana
Essig (m)	сирће (с)	sirće
Esslöffel (m)	супена кашика (ж)	supena kašika
Füllung (f)	фил (м)	fil
Feige (f)	смоква (ж)	smokva
Fett (n)	масти (ж мн)	masti
Fisch (m)	риба (ж)	riba
Flaschenöffner (m)	отварач (м)	otvarač
Fleisch (n)	месо (с)	meso
Fliegenpilz (m)	мухомор (м)	muhomor
Forelle (f)	пастрмка (ж)	pastrmka
Früchte (pl)	воће (с мн)	voće
Frühstück (n)	доручак (м)	doručak
frisch gepresster Saft (m)	цеђени сок (м)	ceđeni sok
Frucht (f)	воћка (ж)	voćka
Gabel (f)	виљушка (ж)	viljuška
Gans (f)	гуска (ж)	guska
Garnele (f)	морски рачић (м)	morski račić
gebraten	пржен	pržen
gekocht	куван	kuvan
Gemüse (n)	поврће (с)	povrće
geräuchert	димљен	dimljen
Gericht (n)	jело (с)	jelo
Gerste (f)	jечам (м)	ječam
Geschmack (m)	укус (м)	ukus
Getreide (n)	зрно (с)	zrno
Getreidepflanzen (pl)	житарице (ж мн)	žitarice
getrocknet	сушен	sušen
Gewürz (n)	додатак, зачин (м)	dodatak, začin
Giftpilz (m)	отровна печурка (ж)	otrovna pečurka
Gin (m)	џин (м)	džin

Grüner Knollenblätterpilz (m)	отровна гљива (ж)	otrovna gljiva
grüner Tee (m)	зелени чај (м)	zeleni čaj
grünes Gemüse (pl)	зелениш (м)	zeleniš
Grütze (f)	житарице (ж мн)	žitarice
Granatapfel (m)	нар (м)	nar
Grapefruit (f)	грејпфрут (м)	grejpfrut
Gurke (f)	краставац (м)	krastavac
Guten Appetit!	Пријатно!	Prijatno!
Hühnerfleisch (n)	пилетина (ж)	piletina
Hackfleisch (n)	млевено месо (с)	mleveno meso
Hafer (m)	овас (м)	ovas
Haferflocken (pl)	кукурузне пахуљице (ж мн)	kukuruzne pahuljice
Hai (m)	ајкула (ж)	ajkula
Hamburger (m)	хамбургер (м)	hamburger
Hammelfleisch (n)	јагњетина (ж)	jagnjetina
Haselnuss (f)	лешник (м)	lešnik
Hecht (m)	штука (ж)	štuka
heiß	врућ	vruć
Heidelbeere (f)	боровница (ж)	borovnica
Heilbutt (m)	иверак (м)	iverak
Helles (n)	светло пиво (с)	svetlo pivo
Hering (m)	харинга (ж)	haringa
Herzkirsche (f)	трешња (ж)	trešnja
Himbeere (f)	малина (ж)	malina
Hirse (f)	просо (с)	proso
Honig (m)	мед (м)	med
Ingwer (m)	ђумбир (м)	đumbir
Joghurt (m, f)	јогурт (м)	jogurt
Käse (m)	сир (м)	sir
Küche (f)	кухиња (ж)	kuhinja
Kümmel (m)	ким (м)	kim
Kürbis (m)	тиква (ж)	tikva
Kaffee (m)	кафа (ж)	kafa
Kalbfleisch (n)	телетина (ж)	teletina
Kalmar (m)	лигња (ж)	lignja
Kalorie (f)	калорија (ж)	kalorija
kalt	хладан	hladan
Kaninchenfleisch (n)	зец (м)	zec
Karotte (f)	шаргарепа (ж)	šargarepa
Karpfen (m)	шаран (м)	šaran
Kartoffel (f)	кромпир (м)	krompir
Kartoffelpüree (n)	пире (м) од кромпира	pire od krompira
Kaugummi (m, n)	гума (ж) за жвакање	guma za žvakanje
Kaviar (m)	кавијар (м)	kavijar
Keks (m, n)	бисквити (м мн)	biskviti
Kellner (m)	конобар (м)	konobar
Kellnerin (f)	конобарица (ж)	konobarica
Kiwi, Kiwifrucht (f)	киви (м)	kivi
Knoblauch (m)	бели лук, чешњак (м)	beli luk, češnjak
Kognak (m)	коњак (м)	konjak

Kohl (m)	купус (м)	kupus
Kohlenhydrat (n)	угљени хидрати (м мн)	ugljeni hidrati
Kokosnuss (f)	кокосов орах (м)	kokosov orah
Kondensmilch (f)	кондензовано млеко (с)	kondenzovano mleko
Konditorwaren (pl)	посластичарски производи (м мн)	poslastičarski proizvodi
Konfitüre (f)	слатко (с)	slatko
Konserven (pl)	конзервирана храна (ж)	konzervirana hrana
Kopf Salat (m)	зелена салата (ж)	zelena salata
Koriander (m)	кориандер (м)	koriander
Korkenzieher (m)	вадичеп (м)	vadičep
Krümel (m)	мрва (ж)	mrva
Krabbe (f)	морски рак (м)	morski rak
Krebstiere (pl)	ракови (м мн)	rakovi
Kuchen (m)	пита (ж)	pita
Löffel (m)	кашика (ж)	kašika
Lachs (m)	лосос (м)	losos
Languste (f)	јастог (м)	jastog
Leber (f)	џигерица (ж)	džigerica
lecker	укусан	ukusan
Likör (m)	ликер (м)	liker
Limonade (f)	лимунада (ж)	limunada
Linse (f)	сочиво (с)	sočivo
Lorbeerblatt (n)	ловор (м)	lovor
Mais (m)	кукуруз (м)	kukuruz
Mais (m)	кукуруз (м)	kukuruz
Makrele (f)	скуша (ж)	skuša
Mandarine (f)	мандарина (ж)	mandarina
Mandel (f)	бадем (м)	badem
Mango (f)	манго (м)	mango
Margarine (f)	маргарин (м)	margarin
mariniert	мариниран, укисељен	mariniran, ukiseljen
Marmelade (f)	џем (м)	džem
Marmelade (f)	мармелада (ж)	marmelada
Mayonnaise (f)	мајонез (м)	majonez
Meeresfrüchte (pl)	плодови (м мн) мора	plodovi mora
Meerrettich (m)	рен, хрен (м)	ren, hren
Mehl (n)	брашно (с)	brašno
Melone (f)	диња (ж)	dinja
Messer (n)	нож (м)	nož
Milch (f)	млеко (с)	mleko
Milchcocktail (m)	милкшејк (м)	milkšejk
Milchkaffee (m)	кафа (ж) са млеком	kafa sa mlekom
Mineralwasser (n)	кисела вода (ж)	kisela voda
mit Eis	са ледом	sa ledom
mit Gas	газирана	gazirana
mit Kohlensäure	газирана	gazirana
Mittagessen (n)	ручак (м)	ručak
Moosbeere (f)	маховница (ж)	mahovnica
Morchel (f)	смрчак (м)	smrčak
Nachtisch (m)	десерт (м)	desert
Nelke (f)	каранфил (м)	karanfil

Nudeln (pl)	резанци (м мн)	rezanci
Oliven (pl)	маслине (ж мн)	masline
Olivenöl (n)	маслиново уље (с)	maslinovo ulje
Omelett (n)	омлет (м)	omlet
Orangensaft (m)	сок од наранџе (м)	sok od narandže
Papaya (f)	папаја (ж)	papaja
Paprika (m)	паприка (ж)	paprika
Paprika (m)	паприка (м)	paprika
Pastete (f)	паштета (ж)	pašteta
Petersilie (f)	першун (м)	peršun
Pfefferling (m)	лисичарка (ж)	lisičarka
Pfirsich (m)	бресква (ж)	breskva
Pflanzenöl (n)	зејтин (м)	zejtin
Pflaume (f)	шљива (ж)	šljiva
Pilz (m)	гљива, печурка (ж)	gljiva, pečurka
Pistazien (pl)	пистаћи (мн)	pistaći
Pizza (f)	пица (ж)	pica
Portion (f)	порција (ж)	porcija
Preiselbeere (f)	брусница (ж)	brusnica
Protein (n)	протеини, беланчевине (мн)	proteini, belančevine
Pudding (m)	пудинг (м)	puding
Pulverkaffee (m)	инстант кафа (ж)	instant kafa
Pute (f)	ћуран (м)	ćuran
Räucherschinken (m)	димљена шунка (ж)	dimljena šunka
Rübe (f)	репа (ж)	repa
Radieschen (n)	ротквица (ж)	rotkvica
Rechnung (f)	рачун (м)	račun
Reis (m)	пиринач (м)	pirinač
Rezept (n)	рецепт (м)	recept
Rindfleisch (n)	говедина (ж)	govedina
Roggen (m)	раж (ж)	raž
Rosenkohl (m)	прокељ (м)	prokelj
Rosinen (pl)	суво грожђе (с)	suvo grožđe
rote Johannisbeere (f)	црвена рибизла (ж)	crvena ribizla
roter Pfeffer (m)	црвени бибер (млевени)	crveni biber (mleveni)
Rotkappe (f)	јасикин турчин (м)	jasikin turčin
Rotwein (m)	црно вино (с)	crno vino
Rum (m)	рум (м)	rum
süß	сладак	sladak
Safran (m)	шафран (м)	šafran
Saft (m)	сок (м)	sok
Sahne (f)	павлака (ж)	pavlaka
Salat (m)	салата (ж)	salata
Salz (n)	со (ж)	so
salzig	слан	slan
Sardine (f)	сардина (ж)	sardina
Sauerkirsche (f)	вишња (ж)	višnja
saure Sahne (f)	кисела павлака (ж)	kisela pavlaka
Schale (f)	кора (ж)	kora
Scheibchen (n)	парче (с)	parče

Schinken (m)	шунка (ж)	šunka
Schinkenspeck (m)	сланина (ж)	slanina
Schokolade (f)	чоколада (ж)	čokolada
Schokoladen-	чоколадан	čokoladan
Scholle (f)	риба-лист (ж)	riba-list
schwarze Johannisbeere (f)	црна рибизла (ж)	crna ribizla
schwarzer Kaffee (m)	црна кафа (ж)	crna kafa
schwarzer Pfeffer (m)	црни бибер (м)	crni biber
schwarzer Tee (m)	црни чај (м)	crni čaj
Schweinefleisch (n)	свињетина (ж)	svinjetina
Sellerie (m)	целер (м)	celer
Senf (m)	сенф (м)	senf
Sesam (m)	сусам (м)	susam
Soße (f)	сос (м)	sos
Sojabohne (f)	соја (ж)	soja
Sonnenblumenöl (n)	сунцокретово уље (с)	suncokretovo ulje
Spaghetti (pl)	шпагети (м мн)	špageti
Spargel (m)	шпаргла (ж)	špargla
Speisekarte (f)	јеловник (м)	jelovnik
Spiegelei (n)	печена јаја (ж мн)	pečena jaja
Spinat (m)	спанаћ (м)	spanać
Spirituosen (pl)	алкохолно пиће (с)	alkoholno piće
Störfleisch (n)	јесетрина (ж)	jesetrina
Stück (n)	комад (м)	komad
Stachelbeere (f)	огрозд (м)	ogrozd
Steinpilz (m)	врган (м)	vrganj
still	негазирана	negazirana
Suppe (f)	супа (ж)	supa
Täubling (m)	глувара (ж)	gluvara
Törtchen (n)	колач (м)	kolač
Tasse (f)	шоља (ж)	šolja
Tee (m)	чај (м)	čaj
Teelöffel (m)	кашичица (ж)	kašičica
Teigwaren (pl)	макароне (ж мн)	makarone
Teller (m)	тањир (м)	tanjir
tiefgekühlt	замрзнут	zamrznut
Tomate (f)	парадајз (м)	paradajz
Tomatensaft (m)	сок (м) од парадајза	sok od paradajza
Torte (f)	торта (ж)	torta
Trinkgeld (n)	бакшиш (м)	bakšiš
Trinkwasser (n)	вода (ж) за пиће	voda za piće
Tunfisch (m)	туњевина (ж)	tunjevina
Untertasse (f)	тацна (ж)	tacna
Vegetarier (m)	вегетаријанац (м)	vegetarijanac
vegetarisch	вегетаријански	vegetarijanski
Vitamin (n)	витамин (м)	vitamin
Vorspeise (f)	предјело (с)	predjelo
Würstchen (n)	виршла (ж)	viršla
Würze (f)	зачин (м)	začin
Waffeln (pl)	облатне (мн)	oblatne
Walderdbeere (f)	шумска јагода (ж)	šumska jagoda

Walnuss (f)	орах (м)	orah
Wasser (n)	вода (ж)	voda
Wasserglas (n)	чаша (ж)	čaša
Wassermelone (f)	лубеница (ж)	lubenica
weiße Bohne (f)	пасуљ (м)	pasulj
Weißwein (m)	бело вино (с)	belo vino
Wein (m)	вино (с)	vino
Weinglas (n)	чаша (ж) за вино	čaša za vino
Weinkarte (f)	винска карта (ж)	vinska karta
Weintrauben (pl)	грожђе (с)	grožđe
Weizen (m)	пшеница (ж)	pšenica
Wels (m)	сом (м)	som
Wermut (m)	вермут (м)	vermut
Whisky (m)	вискм (м)	viski
Wild (n)	дивљач (ж)	divljač
Wodka (m)	водка (ж)	vodka
Wurst (f)	кобасица (ж)	kobasica
Zahnstocher (m)	чачкалица (ж)	čačkalica
Zander (m)	смуђ (м)	smuđ
Zimt (m)	цимет (м)	cimet
Zitrone (f)	лимун (м)	limun
Zucchini (f)	тиквица (ж)	tikvica
Zucker (m)	шећер (м)	šećer
Zuckerrübe (f)	цвекла (ж)	cvekla
Zunge (f)	језик (м)	jezik
Zwiebel (f)	црни лук (м)	crni luk

авокадо (м)	avokado	Avocado (f)
ајкула (ж)	ajkula	Hai (m)
алкохолно пиће (с)	alkoholno piće	Spirituosen (pl)
ананас (м)	ananas	Ananas (f)
анис (м)	anis	Anis (m)
аперитив (м)	aperitiv	Aperitif (m)
апетит (м)	apetit	Appetit (m)
артичока (ж)	artičoka	Artischocke (f)
атлантски лосос (м)	atlantski losos	atlantische Lachs (m)
бадем (м)	badem	Mandel (f)
бакалар (м)	bakalar	Dorsch (m)
бакшиш (м)	bakšiš	Trinkgeld (n)
банана (ж)	banana	Banane (f)
бар (м)	bar	Bar (f)
бармен (м)	barmen	Barmixer (m)
безалкохолан	bezalkoholan	alkoholfrei
безалкохолано пиће (с)	bezalkoholano piće	alkoholfreies Getränk (n)
беланце (с)	belance	Eiweiß (n)
бели лук, чешњак (м)	beli luk, češnjak	Knoblauch (m)
бело вино (с)	belo vino	Weißwein (m)
бисквити (м мн)	biskviti	Keks (m, n)
бифтек (м)	biftek	Beefsteak (n)
бобица (ж)	bobica	Beere (f)
бобице (ж мн)	bobice	Beeren (pl)
бомбона (ж)	bombona	Bonbon (m, n)
боровница (ж)	borovnica	Heidelbeere (f)
босиљак (м)	bosiljak	Basilikum (n)
брашно (с)	brašno	Mehl (n)
брезов дед (м)	brezov ded	Birkenpilz (m)
бресква (ж)	breskva	Pfirsich (m)
броколи (м)	brokoli	Brokkoli (m)
брусница (ж)	brusnica	Preiselbeere (f)
буљон (м)	buljon	Brühe (f), Bouillon (f)
вадичеп (м)	vadičep	Korkenzieher (m)
вегетаријанац (м)	vegetarijanac	Vegetarier (m)
вегетаријански	vegetarijanski	vegetarisch
вермут (м)	vermut	Wermut (m)
вечера (ж)	večera	Abendessen (n)
виљушка (ж)	viljuška	Gabel (f)
вино (с)	vino	Wein (m)
винска карта (ж)	vinska karta	Weinkarte (f)
виршла (ж)	viršla	Würstchen (n)
виски (м)	viski	Whisky (m)
витамин (м)	vitamin	Vitamin (n)

вишња (ж)	višnja	Sauerkirsche (f)
вода (ж)	voda	Wasser (n)
вода (ж) за пиће	voda za piće	Trinkwasser (n)
водка (ж)	vodka	Wodka (m)
воће (с мн)	voće	Früchte (pl)
воћка (ж)	voćka	Frucht (f)
вргань (м)	vrganj	Steinpilz (m)
врућ	vruć	heiß
газирана	gazirana	mit Kohlensäure
газирана	gazirana	mit Gas
глувара (ж)	gluvara	Täubling (m)
гљива, печурка (ж)	gljiva, pečurka	Pilz (m)
говедина (ж)	govedina	Rindfleisch (n)
горак	gorak	bitter
грашак (м)	grašak	Erbse (f)
гргеч (м)	grgeč	Barsch (m)
грејпфрут (м)	grejpfrut	Grapefruit (f)
грожђе (с)	grožđe	Weintrauben (pl)
гума (ж) за жвакање	guma za žvakanje	Kaugummi (m, n)
гуска (ж)	guska	Gans (f)
деверика (ж)	deverika	Brachse (f)
десерт (м)	desert	Nachtisch (m)
дивљач (ж)	divljač	Wild (n)
дијета (ж)	dijeta	Diät (f)
димљен	dimljen	geräuchert
димљена шунка (ж)	dimljena šunka	Räucherschinken (m)
диња (ж)	dinja	Melone (f)
додатак, зачин (м)	dodatak, začin	Gewürz (n)
доручак (м)	doručak	Frühstück (n)
ђумбир (м)	đumbir	Ingwer (m)
житарице (ж мн)	žitarice	Grütze (f)
житарице (ж мн)	žitarice	Getreidepflanzen (pl)
жуманце (с)	žumance	Eigelb (n)
замрзнут	zamrznut	tiefgekühlt
зачин (м)	začin	Würze (f)
зејтин (м)	zejtin	Pflanzenöl (n)
зелена салата (ж)	zelena salata	Kopf Salat (m)
зелени чај (м)	zeleni čaj	grüner Tee (m)
зелениш (м)	zeleniš	grünes Gemüse (pl)
зец (м)	zec	Kaninchenfleisch (n)
зрно (с)	zrno	Getreide (n)
иверак (м)	iverak	Heilbutt (m)
инстант кафа (ж)	instant kafa	Pulverkaffee (m)
јабука (ж)	jabuka	Apfel (m)
јагњетина (ж)	jagnjetina	Hammelfleisch (n)
јагода (ж)	jagoda	Erdbeere (f)
јаја (с мн)	jaja	Eier (pl)
јаје (с)	jaje	Ei (n)
јасикин турчин (м)	jasikin turčin	Rotkappe (f)
јастог (м)	jastog	Languste (f)
јегуља (ж)	jegulja	Aal (m)
језик (м)	jezik	Zunge (f)

јело (с)	jelo	Gericht (n)
јеловник (м)	jelovnik	Speisekarte (f)
јесетрина (ж)	jesetrina	Störfleisch (n)
јестива печурка (ж)	jestiva pečurka	essbarer Pilz (m)
јечам (м)	ječam	Gerste (f)
јогурт (м)	jogurt	Joghurt (m, f)
кавијар (м)	kavijar	Kaviar (m)
кајсија (ж)	kajsija	Aprikose (f)
калорија (ж)	kalorija	Kalorie (f)
капућино (м)	kapućino	Cappuccino (m)
каранфил (м)	karanfil	Nelke (f)
карфиол (м)	karfiol	Blumenkohl (m)
кафа (ж)	kafa	Kaffee (m)
кафа (ж) са млеком	kafa sa mlekom	Milchkaffee (m)
каша (ж)	kaša	Brei (m)
кашика (ж)	kašika	Löffel (m)
кашичица (ж)	kašičica	Teelöffel (m)
киви (м)	kivi	Kiwi, Kiwifrucht (f)
кикирики (м)	kikiriki	Erdnuss (f)
ким (м)	kim	Kümmel (m)
кисела вода (ж)	kisela voda	Mineralwasser (n)
кисела павлака (ж)	kisela pavlaka	saure Sahne (f)
клас (м)	klas	Ähre (f)
кобасица (ж)	kobasica	Wurst (f)
кокосов орах (м)	kokosov orah	Kokosnuss (f)
коктел (м)	koktel	Cocktail (m)
колач (м)	kolač	Törtchen (n)
комад (м)	komad	Stück (n)
кондензовано млеко (с)	kondenzovano mleko	Kondensmilch (f)
конзервирана храна (ж)	konzervirana hrana	Konserven (pl)
конобар (м)	konobar	Kellner (m)
конобарица (ж)	konobarica	Kellnerin (f)
коњак (м)	konjak	Kognak (m)
кора (ж)	kora	Schale (f)
коријандер (м)	koriander	Koriander (m)
краставац (м)	krastavac	Gurke (f)
крем (м)	krem	Buttercreme (f)
кромпир (м)	krompir	Kartoffel (f)
крушка (ж)	kruška	Birne (f)
куван	kuvan	gekocht
кукуруз (м)	kukuruz	Mais (m)
кукуруз (м)	kukuruz	Mais (m)
кукурузне пахуљице (ж мн)	kukuruzne pahuljice	Haferflocken (pl)
купина (ж)	kupina	Brombeere (f)
купус (м)	kupus	Kohl (m)
кухиња (ж)	kuhinja	Küche (f)
лед (м)	led	Eis (n)
лешник (м)	lešnik	Haselnuss (f)
лигња (ж)	lignja	Kalmar (m)
ликер (м)	liker	Likör (m)
лимун (м)	limun	Zitrone (f)

лимунада (ж)	limunada	Limonade (f)
лисичарка (ж)	lisičarka	Pfefferling (m)
ловор (м)	lovor	Lorbeerblatt (n)
лосос (м)	losos	Lachs (m)
лубеница (ж)	lubenica	Wassermelone (f)
мајонез (м)	majonez	Mayonnaise (f)
макароне (ж мн)	makarone	Teigwaren (pl)
малина (ж)	malina	Himbeere (f)
манго (м)	mango	Mango (f)
мандарина (ж)	mandarina	Mandarine (f)
маргарин (м)	margarin	Margarine (f)
мариниран, укисељен	mariniran, ukiseljen	mariniert
мармелада (ж)	marmelada	Marmelade (f)
маслац (м)	maslac	Butter (f)
маслине (ж мн)	masline	Oliven (pl)
маслиново уље (с)	maslinovo ulje	Olivenöl (n)
масти (ж мн)	masti	Fett (n)
маховница (ж)	mahovnica	Moosbeere (f)
махунарке (ж мн)	mahunarke	Bohnen (pl)
мед (м)	med	Honig (m)
месо (с)	meso	Fleisch (n)
милкшејк (м)	milkšejk	Milchcocktail (m)
мирођија (ж)	mirođija	Dill (m)
млевено месо (с)	mleveno meso	Hackfleisch (n)
млеко (с)	mleko	Milch (f)
морски рак (м)	morski rak	Krabbe (f)
морски рачић (м)	morski račić	Garnele (f)
мрва (ж)	mrva	Krümel (m)
мухомор (м)	muhomor	Fliegenpilz (m)
нар (м)	nar	Granatapfel (m)
наранџа (ж)	narandža	Apfelsine (f)
негазирана	negazirana	still
нож (м)	nož	Messer (n)
облатне (мн)	oblatne	Waffeln (pl)
овас (м)	ovas	Hafer (m)
огрозд (м)	ogrozd	Stachelbeere (f)
омлет (м)	omlet	Omelett (n)
орах (м)	orah	Walnuss (f)
освежавајуће пиће (с)	osvežavajuće piće	Erfrischungsgetränk (n)
острига (ж)	ostriga	Auster (f)
отварач (м)	otvarač	Flaschenöffner (m)
отварач (м)	otvarač	Dosenöffner (m)
отровна гљива (ж)	otrovna gljiva	Grüner Knollenblätterpilz (m)
отровна печурка (ж)	otrovna pečurka	Giftpilz (m)
павлака (ж)	pavlaka	Sahne (f)
папаја (ж)	papaja	Papaya (f)
паприка (ж)	paprika	Paprika (m)
паприка (м)	paprika	Paprika (m)
парадајз (м)	paradajz	Tomate (f)
парче (с)	parče	Scheibchen (n)
пастрмка (ж)	pastrmka	Forelle (f)

пасуљ (м)	pasulj	weiße Bohne (f)
патка (ж)	patka	Ente (f)
паукус (м)	paukus	Beigeschmack (m)
паштета (ж)	pašteta	Pastete (f)
першун (м)	peršun	Petersilie (f)
печена jaja (ж мн)	pečena jaja	Spiegelei (n)
пиво (с)	pivo	Bier (n)
пилетина (ж)	piletina	Hühnerfleisch (n)
пире (м) од кромпира	pire od krompira	Kartoffelpüree (n)
пиринач (м)	pirinač	Reis (m)
пистаћи (мн)	pistaći	Pistazien (pl)
пита (ж)	pita	Kuchen (m)
пица (ж)	pica	Pizza (f)
плави патлиџан (м)	plavi patlidžan	Aubergine (f)
плодови (м мн) мора	plodovi mora	Meeresfrüchte (pl)
поврће (с)	povrće	Gemüse (n)
порција (ж)	porcija	Portion (f)
посластичарски производи (м мн)	poslastičarski proizvodi	Konditorwaren (pl)
предјело (с)	predjelo	Vorspeise (f)
пржен	pržen	gebraten
Пријатно!	Prijatno!	Guten Appetit!
прилог (м)	prilog	Beilage (f)
прокељ (м)	prokelj	Rosenkohl (m)
просо (с)	proso	Hirse (f)
протеини, беланчевине (мн)	proteini, belančevine	Protein (n)
пудинг (м)	puding	Pudding (m)
пшеница (ж)	pšenica	Weizen (m)
раж (ж)	raž	Roggen (m)
ракови (м мн)	rakovi	Krebstiere (pl)
рачун (м)	račun	Rechnung (f)
резанци (м мн)	rezanci	Nudeln (pl)
рен, хрен (м)	ren, hren	Meerrettich (m)
репа (ж)	repa	Rübe (f)
рецепт (м)	recept	Rezept (n)
риба (ж)	riba	Fisch (m)
риба-лист (ж)	riba-list	Scholle (f)
ротквица (ж)	rotkvica	Radieschen (n)
рум (м)	rum	Rum (m)
ручак (м)	ručak	Mittagessen (n)
са ледом	sa ledom	mit Eis
салата (ж)	salata	Salat (m)
сардина (ж)	sardina	Sardine (f)
светло пиво (с)	svetlo pivo	Helles (n)
свињетина (ж)	svinjetina	Schweinefleisch (n)
сендвич (м)	sendvič	belegtes Brot (n)
сенф (м)	senf	Senf (m)
сир (м)	sir	Käse (m)
сирће (с)	sirće	Essig (m)
скуша (ж)	skuša	Makrele (f)
сладак	sladak	süß

сладолед (м)	sladoled	Eis (n)
слан	slan	salzig
сланина (ж)	slanina	Schinkenspeck (m)
слатко (с)	slatko	Konfitüre (f)
смоква (ж)	smokva	Feige (f)
смрчак (м)	smrčak	Morchel (f)
смуђ (м)	smuđ	Zander (m)
со (ж)	so	Salz (n)
соја (ж)	soja	Sojabohne (f)
сок (м)	sok	Saft (m)
сок (м) од парадајза	sok od paradajza	Tomatensaft (m)
сок од наранџе (м)	sok od narandže	Orangensaft (m)
сом (м)	som	Wels (m)
сос (м)	sos	Soße (f)
сочиво (с)	sočivo	Linse (f)
спанаћ (м)	spanać	Spinat (m)
суво грожђе (с)	suvo grožđe	Rosinen (pl)
сунцокретово уље (с)	suncokretovo ulje	Sonnenblumenöl (n)
супа (ж)	supa	Suppe (f)
супена кашика (ж)	supena kašika	Esslöffel (m)
сусам (м)	susam	Sesam (m)
сушен	sušen	getrocknet
тамно пиво (с)	tamno pivo	Dunkelbier (n)
тањир (м)	tanjir	Teller (m)
тацна (ж)	tacna	Untertasse (f)
телетина (ж)	teletina	Kalbfleisch (n)
тиква (ж)	tikva	Kürbis (m)
тиквица (ж)	tikvica	Zucchini (f)
торта (ж)	torta	Torte (f)
трешња (ж)	trešnja	Herzkirsche (f)
туњевина (ж)	tunjevina	Tunfisch (m)
ћуран (м)	ćuran	Pute (f)
угљени хидрати (м мн)	ugljeni hidrati	Kohlenhydrat (n)
укус (м)	ukus	Geschmack (m)
укусан	ukusan	lecker
урма (ж)	urma	Dattel (f)
фил (м)	fil	Füllung (f)
хамбургер (м)	hamburger	Hamburger (m)
харинга (ж)	haringa	Hering (m)
хељда (ж)	heljda	Buchweizen (m)
хладан	hladan	kalt
хлеб (м)	hleb	Brot (n)
храна (ж)	hrana	Essen (n)
цвекла (ж)	cvekla	Zuckerrübe (f)
цеђени сок (м)	ceđeni sok	frisch gepresster Saft (m)
целер (м)	celer	Sellerie (m)
цимет (м)	cimet	Zimt (m)
црвена рибизла (ж)	crvena ribizla	rote Johannisbeere (f)
црвени бибер (млевени)	crveni biber (mleveni)	roter Pfeffer (m)
црна кафа (ж)	crna kafa	schwarzer Kaffee (m)
црна рибизла (ж)	crna ribizla	schwarze Johannisbeere (f)

црни бибер (м)	crni biber	schwarzer Pfeffer (m)
црни лук (м)	crni luk	Zwiebel (f)
црни чај (м)	crni čaj	schwarzer Tee (m)
црно вино (с)	crno vino	Rotwein (m)
чај (м)	čaj	Tee (m)
чачкалица (ж)	čačkalica	Zahnstocher (m)
чаша (ж)	čaša	Wasserglas (n)
чаша (ж) за вино	čaša za vino	Weinglas (n)
чоколада (ж)	čokolada	Schokolade (f)
чоколадан	čokoladan	Schokoladen-
џем (м)	džem	Marmelade (f)
џигерица (ж)	džigerica	Leber (f)
џин (м)	džin	Gin (m)
шампањац (м)	šampanjac	Champagner (m)
шаран (м)	šaran	Karpfen (m)
шаргарепа (ж)	šargarepa	Karotte (f)
шафран (м)	šafran	Safran (m)
шећер (м)	šećer	Zucker (m)
шљива (ж)	šljiva	Pflaume (f)
шоља (ж)	šolja	Tasse (f)
шпагети (м мн)	špageti	Spaghetti (pl)
шпаргла (ж)	špargla	Spargel (m)
штука (ж)	štuka	Hecht (m)
шумска јагода (ж)	šumska jagoda	Walderdbeere (f)
шунка (ж)	šunka	Schinken (m)